Manual de
METODOLOGIA JURÍDICA

Técnicas para argumentar em textos jurídicos

NITISH MONEBHURRUN

Manual de METODOLOGIA JURÍDICA

Técnicas para argumentar em textos jurídicos

2ª edição
2022

saraiva jur

saraiva EDUCAÇÃO | saraiva jur

Av. Paulista, 901, 4º andar
Bela Vista – São Paulo – SP – CEP 01310-100

SAC | sac.sets@saraivaeducacao.com.br

DADOS INTERNACIONAIS DE CATALOGAÇÃO NA PUBLICAÇÃO (CIP)
VAGNER RODOLFO DA SILVA - CRB-8/9410

M742m Monebhurrun, Nitish

Manual de Metodologia Jurídica: técnicas para argumentar em textos jurídicos / Nitish Monebhurrun. – 2. ed. – São Paulo : SaraivaJur, 2022.
136 p.

ISBN 978-65-5362-110-7 (Impresso)

1. Direito. 2. Metodologia Jurídica. 3. Textos jurídicos. I. Título.

2022-1779 CDD 340
CDU 34

Índices para catálogo sistemático:

1. Direito 340
2. Direito 34

Data de fechamento da edição: 18-7-2022

Dúvidas? Acesse www.saraivaeducacao.com.br

CL 607699 CAE 792087

SUMÁRIO

INTRODUÇÃO

Os métodos e as técnicas da argumentação jurídica e da construção de trabalhos jurídicos apresentados neste livro não têm um valor universal. Trata-se apenas de uma proposta metodológica entre vários outros métodos. Apresenta-se como um método potencialmente cumulativo aos outros. Pode ser utilizado como um instrumento pelos juristas confirmados e pelos alunos de direito para construir os seus trabalhos jurídicos ou para aprimorar a sua capacidade argumentativa.

O livro terá às vezes um tom crítico ao apreciar os moldes nos quais são apresentados as teses, as dissertações, as monografias e os artigos. As críticas buscam apontar alguns problemas importantes que maculam por vezes os textos produzidos pelos juristas ao enfraquecer as suas teses. Apresentar esses problemas é um primeiro passo necessário para justificar a imprescindibilidade de um preparo metodológico rigoroso nos estudos do Direito desde os primórdios da formação. Ora, na prática, o contato dos alunos com os estudos sobre a metodologia do Direito ocorre tardiamente, no final da graduação. Em alguns casos, resume-se sobremaneira à formatação de texto. Um dos objetos deste livro é sustentar – e conscientizar – que o estudo do Direito é incompleto sem uma compreensão cabal da metodologia.

Um método baseia-se no rigor intelectual e é constituído de técnicas organizacionais claras para demonstrar um raciocínio, para valorizar uma argumentação, sempre com o objetivo de conhecer o objeto do estudo e de tornar um trabalho jurídico convincente[1]. Sendo um meio para convencer, o método torna-se o instrumento principal e vital do jurista[2] do qual não se espera necessariamente um conhecimento enciclopédico, mas uma capacidade de construir o seu próprio pensamento sobre um determinado tema. Uma reserva de cultura e de conhecimento permanentemente regada é inoperante se não pode ser dominada, canalizada e aplicada quando for preciso. O que é importante não é apenas o que sabemos, mas como utilizamos a nossa sabedoria, o nosso conhecimento, para construir uma argumentação convincente. O conhecimento deve ser obrigatoriamente processado para que um trabalho jurídico apresente analiticamente as ideias do autor com as devidas fundamentações. Uma monografia, uma dissertação, uma tese de doutorado não é um exercício de compilação ou de reprodução, não é um relato da pesquisa, mas uma aplicação desta. É um trabalho com a sua própria energia dinâmica e é oriundo de um pensamento pessoal rigoroso, sólido e construído. Um método eficiente é aquele que simplifica informações complicadas e que clarifica situações confusas[3]. Um dos mestres da metodologia, René Descartes, afirmava que ele não era um gênio, mas tinha apenas um método.

Um método se entende melhor sob uma configuração dialógica[4]: é a responsabilidade do autor criar, por meio da sua escrita, as condições para estabelecer um diálogo, uma

---

1 SPINOZA. *Traité de la réforme de l'entendement. Tractatus de intellectus emendatione*. Paris: Flammarion, 2003. p. 87

2 MULLER, Friedrich. *Discours de la méthode juridique*. Paris: PUF. 1998. p. 37.

3 GRUA, François. *Méthode des études de droit. Conseils sur la dissertation et le commentaire*. Paris: Dalloz, 2006. p. 48.

4 DE OLIVEIRA LEITE, Eduardo. *A monografia jurídica*. 3. ed. São Paulo: Revista dos Tribunais, 1997. p. 27-28.

ponte para com o leitor. A figura do leitor não pode ser negligenciada, pois, é o juiz de um trabalho, de um artigo, de uma dissertação, de uma tese, e, num outro contexto, de uma petição. A sua leitura deve ser, portanto, agradável, inteligível, compreensível e útil. Ora, muitos trabalhos tomam uma forma concêntrica, como um diálogo na mente do próprio autor que dá assim a impressão de escrever para si mesmo. Em muitos casos, isso é feito em detrimento da clareza da argumentação; o autor escreve o que lhe parece evidente sem cuidar das expectativas dos leitores potenciais e, assim, aumenta a distância entre a sua vontade de convencer e o entendimento de quem lê. Três ingredientes ajudam o diálogo autor-leitor: conhecimento, estilo e método. O conhecimento decorre da pesquisa; o estilo é a forma de escrever; o método é a forma de organizar, de construir e de apresentar claramente o conhecimento em uma argumentação.

A título ilustrativo, a distância entre o autor e o leitor se reflete na relação aluno-professor. Ao trabalhar sobre um assunto específico, muitos alunos desenvolvem uma tendência de expor os seus conhecimentos e a sua cultura em vez de responder à questão ou de tratar do assunto; tem-se uma vontade de dividir publicamente o que foi estudado – às vezes para tentar impressionar o professor ou para parecer um bom aluno. Porém, o conhecimento se torna, nesse caso, fútil, pois, o que se espera do estudante não é apenas a amplitude do seu conhecimento, mas principalmente o uso que se faz deste. Infelizmente, muitos trabalhos universitários – monografias, dissertações, teses, artigos –, não são corretamente construídos e escritos por serem compilações e não demonstrações, por repetirem sobremaneira o que já foi escrito sem testar as suas próprias ideias. Para ser justo, deve-se frisar que o automatismo de compilar e repetir informações não emana *per se* e naturalmente da vontade do aluno, mas do próprio corpo docente.

O aluno médio e o jurista médio têm, ambos, a capacidade de pesquisar e de coletar informações e dados e, para tanto, as novas tecnologias têm sido coadjuvantes. Contudo, o que traça a linha de demarcação clara entre o bom jurista e o jurista médio é justamente a capacidade – e a consciência – metodológica. Uns produzem textos ou trabalhos mormente descritivos conquanto outros arriscam uma análise pessoal, trazem uma argumentação rigorosamente construída e demonstrada: ou seja, além de saberem pesquisar, são capacitados para defender uma tese. Normalmente apenas os últimos conseguem realmente convencer os leitores. Os seus trabalhos e textos são convincentes por terem um embasamento metodológico[5].

Lamentavelmente, muitos cursos de direito não oferecem deveras as ferramentas e as técnicas metodológicas aos juristas no início da sua formação. Esses cursos têm com certeza aulas de metodologia. No entanto, observa-se que se trata normalmente de aulas que ensinam os vários discursos sobre o método. Aprende-se o que os (grandes) autores – filósofos ou sociólogos, por exemplo – escreveram e pensaram sobre o método. Em outros casos, a metodologia limita-se à apresentação das técnicas de formatação de texto. Entretanto, os métodos para construir uma argumentação jurídica e para raciocinar de uma forma crítica e independente não são sempre ensinados. Os alunos sabem o que as outras pessoas pensam, mas, nesse processo, não são preparados para desenvolver e para expressar o

5 Ver: VARELLA DIAS, Marcelo; MONEBHURRUN, Nitish. O que é uma boa tese de doutorado em Direito? Uma análise a partir da própria percepção dos programas. *Revista Brasileira de Políticas Públicas*. v. 3, n. 2, 2013, p. 424-443.

próprio pensamento nos seus textos. Da mesma forma, poucas obras sobre a metodologia jurídica detalham minuciosamente as técnicas e os passos metodológicos para construir um texto jurídico e para erguer uma argumentação; muitas se limitam aos aspectos da formatação formal dos trabalhos. Ora, sem um domínio da metodologia jurídica, a formação do jurista é indubitavelmente incompleta.

Este livro não pretende aportar uma luz indefectível sobre essas questões; tampouco se apresenta como um trabalho de discursos históricos sobre o método. Trata-se de um pequeno manual que oferece pistas e técnicas para construir e sustentar uma argumentação jurídica convincente e também para incitar os juristas a não negligenciarem e descartarem a função do método nos seus trabalhos. Um dos objetivos será demonstrar o valor agregado do uso de um método – em especial, do método que será explicado infra – durante um trabalho jurídico. Espera-se que a presente contribuição sirva para ressaltar que a estrutura de um trabalho é apenas o espelho da substância: esta se reflete naquela.

A primeira parte do livro dedica-se, portanto, à apresentação de algumas técnicas que podem ser úteis para a construção de textos jurídicos como artigos, monografias, dissertações e teses, enquanto a segunda parte focaliza-se na explicação de métodos utilizáveis para comentar a jurisprudência – que é um exercício com grande relevância na elaboração desses mesmos trabalhos, mas cuja especificidade lhe confere um tratamento especial e separado no livro.

PRIMEIRA PARTE

Método para a construção de textos jurídicos: raciocínio jurídico para artigos, monografias, dissertações e teses

O método aqui apresentado explica o passo a passo para a construção de textos jurídicos como artigos, monografias, dissertações e teses. O objetivo é permitir que a reflexão do aluno seja visível da primeira palavra do seu trabalho até a última. Por conseguinte, explanar-se-á como costurar um fio condutor nítido que possa guiar qualquer leitor, apresentando-lhe permanentemente, ao longo de sua leitura, a lógica da construção do pensamento do autor. O esforço metodológico é aquele que faz o autor para não perder os seus leitores potenciais. É um avanço socrático que segue um silogismo quase matemático: o leitor entende a linha de argumentação e a lógica que liga cada argumento, cada capítulo, e cada subparte, pois o trabalho segue uma construção metodológica que o permite navegar facilmente entre os argumentos. Um leitor pode não concordar com a substância do trabalho, com as ideias apresentadas, com os resultados, mas se o método utilizado for rigoroso, ele não poderia criticar o desencadeamento lógico da argumentação: eis uma das características de uma boa tese. Ora, na prática, em razão de um despreparo metodológico, alguns problemas maculam os trabalhos acadêmicos, deixando-os mais combalidos. A primeira parte do livro destrinchará esses problemas (Capítulo 1) antes de propor as ferramentas metodológicas para superá-los com o intuito de produzir textos jurídicos mais convincentes (Capítulo 2).

Capítulo 1 Os problemas identificados na construção da argumentação jurídica

Um método é sempre embasado no valor que lhe conferimos: importante ou supérfluo; útil ou inútil; merecedor de dedicação e de tempo ou não. É o valor dado ao método na construção da argumentação jurídica que determina a qualidade do raciocínio jurídico. O raciocínio é o pensamento, enquanto a argumentação é a forma convincente – e, até certo ponto, a arte –, de apresentar o pensamento. Ambos devem ser valorizados, e um problema inerente a um conduz à fraqueza do outro. Nesse sentido, é possível identificar um problema por um lado estrutural (I) e por outro substancial (II) no método da construção da argumentação jurídica: ambos enfraquecem o raciocínio jurídico.

I. Um problema estrutural na argumentação jurídica

O problema estrutural deve ser entendido como um problema na organização do pensamento e no tratamento dos argumentos. A ordem na argumentação reflete a ordem no pensamento. Destarte, alguns problemas são constatados na construção dos textos jurídicos (A), os quais impedem um tratamento completo e rigoroso do assunto, objeto da pesquisa (B).

A. *Os problemas na construção dos textos*

Uma explicação conceitual do problema (i) antecederá a ilustração deste. Poderá ser observado como, nesse processo, a capacidade de argumentar é sobremaneira enfraquecida pelo hábito de fazer trabalhos meramente descritivos (ii).

(i) A explicação conceitual do problema

O método reflete a clareza do pensamento e ajuda a espelhar a substância de forma mais clara. Ora, um trabalho desarticulado revela um pensamento confuso e uma argumentação combalida. Isto se verifica quando a lógica na estrutura do trabalho – expressada no sumário –, não é costurada de forma a erguer uma argumentação sólida, rigorosa, organizada, com um início e um fim, e com uma coerência evidente entre o início e o fim. Nesse caso, não há uma articulação e tampouco existe uma ligação entre as diferentes partes do trabalho: cada parte – cada capítulo, por exemplo –, é completamente independente das outras, não há um diálogo entre si, o que deixa às vezes a impressão de haver várias teses independentes em uma tese defendida. Observa-se esse fenômeno quando o trabalho contém uma grande parte descritiva e uma opinião analítica tênue – o que, no final, enfraquece o poder argumentativo do texto[1]. Elaborar um trabalho jurídico meramente descritivo que se limita a retraçar apenas o estado da arte equipara-se a ceder a uma escolha fácil. A competência de um jurista não se verifica por capacidade de descrever e de repetir. Alguns exemplos clarificarão e ilustrarão, a seguir, essas afirmações e constatações.

---

1 DE OLIVEIRA LEITE, Eduardo. *A monografia jurídica*. 3. ed. São Paulo: Revista dos Tribunais, 1997. p. 120.

(ii) *A ilustração do problema: um método que incita à descrição*

Percebe-se um certo padrão na elaboração dos textos jurídicos universitários. O padrão segue uma sequência pela qual confunde-se apresentação da pesquisa com aplicação desta. Os trabalhos, em vez de aplicar a pesquisa à uma problemática para oferecer uma reflexão, limitam-se a apenas apresentar o que foi pesquisado. Descrevem as ferramentas, porém sem mostrar como devem ser utilizadas para resolver o problema. Por exemplo, considerando hipoteticamente o assunto 'A proteção do meio ambiente pelos Direitos Humanos', dois modelos de construção de textos que apareceriam são:

Modelo 1:

1. A proteção do meio ambiente.
2. Os princípios dos Direitos Humanos.
3. A proteção do meio ambiente pelos Direitos Humanos.

Modelo 2:

1. A proteção do meio ambiente sob uma perspectiva histórica.
2. Os princípios jurídicos da proteção do meio ambiente.
3. Os princípios dos Direitos Humanos.
4. A proteção do meio ambiente pelos direitos humanos.

Assim, os modelos costumam seguir *grosso modo* três passos ao lidar com o assunto. O primeiro é uma parte histórica do assunto; o segundo é uma parte conceitual e de definição; o terceiro adentra no tratamento do tema, porém sem sempre aprofundar. Nesse terceiro passo, o título do capítulo é às vezes o mesmo que aquele da própria monografia, dissertação ou tese. Por ser restrito às últimas páginas do trabalho, esse terceiro passo não consegue tecer a esperada análise detalhada. Trata-se de uma estrutura adotada em muitos trabalhos. Contudo, não é uma estrutura que convence, pois potencializa a probabilidade de resultar num trabalho bastante descritivo. A descrição constata-se, primeiramente, na parte histórica (1), e confirma-se naquela sequência dos outros capítulos que se dedicam a revisar o estado da arte ao descrever os conceitos (2).

(1) A parte histórica como capítulo meramente descritivo

A parte histórica – que pode, com certeza, ter a sua utilidade quando devidamente justificada – se tornou, no entanto, uma parte protocolar e mecânica dos trabalhos jurídicos[2]. É utilizada, parece, porque é assim que todo mundo faz, porque é assim que sempre foi. Ora, ao fazer isso segue-se uma 'moda' do capítulo histórico e, de certo, não se aplica um método. Os alunos raramente explicam a razão dessa parte histórica, nunca a justificam, considerando que é evidente para o leitor, e pensando talvez que ajude a tornar o texto mais claro, mais convincente. O problema da parte histórica é que ela não trata da problemática, mas descreve de forma compilatória o contexto histórico em filigranas do tema. Se o pesquisador deve, por óbvio, conhecer esse contexto, não é sem-

---

2 Ver sobre esse assunto: OLIVEIRA, Luciano. Não fale do Código de Hamurabi! A pesquisa sóciojurídica nas pós-graduação em Direito. In: OLIVEIRA, Luciano. *Sua Excelência o Comissário e outros ensaios de sociologia jurídica*. Rio de Janeiro: Letra Legal, 2014. p. 137 *et seq.*; ACCA DOS SANTOS, Thiago. Meu trabalho precisa de um capítulo histórico? In: QUEIROZ RABELO MAFEI, Rafael; FEFERBAUM, Marina. *Metodologia da Pesquisa em Direito*: técnicas e abordagens para elaboração de monografias, dissertações e teses. 2. ed. São Paulo: Saraiva, 2021. p. 151 *et seq*.

pre útil escrever um capítulo sobre este. O pesquisador não deve relatar tudo o que foi pesquisado, pois não se espera dele um relatório de pesquisa. O pesquisador competente é justamente aquele que sabe filtrar os elementos da pesquisa que são relevantes para tratar da problemática delimitada. Na sua forma mais comum, o capítulo histórico coloca o leitor na espera e impede o aluno de responder ao assunto desde o início do seu trabalho. Esse capítulo congela o tempo para o leitor, colocando-o num suspenso de baixa qualidade – de qualquer forma inútil e pouco produtivo para um trabalho jurídico –, para descrever um processo histórico. Equipara-se a um desvio antes de responder à questão central do trabalho. Se o assunto é a proteção do meio ambiente pelos direitos humanos, qualquer leitor-jurista espera entender como e segundo quais técnicas jurídicas os direitos humanos contribuem – ou não – à proteção do meio ambiente. Ele espera que todo o trabalho argumente sobre a possibilidade jurídica daquela proteção. Iniciar sistematicamente com uma parte histórica protocolar não é nada outro que fugir – às vezes inconscientemente – do assunto. Ora, alguns assuntos podem requerer uma parte histórica por ser fundamental para situar um contexto[3]; a contextualização histórica pode ser tão importante para determinado assunto que a consagração de uma parte inteira para tanto se justifica por ser útil e relevante. Nes-

3 Sobre esse assunto em geral ver a reflexão interessante de: DOS SANTOS ACCA, Thiago. Como sei se um trabalho acadêmico precisa de uma parte histórica? Quando posso usá-la para auxiliar na construção do meu trabalho? In. MAFEI RABELO QUEIROZ, Rafael; FEFERBAUM, Marina. *Metodologia jurídica*: um roteiro prático para trabalhos de conclusão de curso. São Paulo: Saraiva, 2012. p. 103-122 (Série GVLaw)

se caso, o mais importante – metodologicamente – é poder justificar a escolha, a inclusão e a relevância de uma parte que trata da história do assunto ou da problemática. Todavia, em muitos trabalhos, percebe-se que o capítulo histórico tem um valor apenas decorativo, sem fundamentos, sem razão de ser ou de existir por não contribuir à reflexão do autor, mas por sobrecarregar ou procrastinar o avanço da reflexão. O mesmo comentário aplica-se às partes que se encasquetam a descrever sobremaneira os conceitos utilizados para examinar o assunto.

(2) A redundância da descrição conceitual

Indubitavelmente, o pesquisador deve explicar os conceitos e os princípios a serem utilizados durante o trabalho. A base de qualquer pesquisa é a definição dos conceitos operacionais. Dito isto, espera-se dele que consagre mais tempo e páginas para aplicar esses princípios e conceitos à problemática e para responder às questões centrais do trabalho. Não é produtivo apenas descrevê-los como se a descrição fosse o resultado esperado, como se a mera descrição fosse a pura argumentação. Por exemplo, no assunto hipotético utilizado (A proteção do meio ambiente pelos direitos humanos), não ajuda a demonstração ter uma parte inteira sobre os princípios dos direitos humanos ou sobre os princípios do direito ambiental mesmo que o pesquisador deva ter o domínio desses temas. Seria mais relevante analisar e tentar demonstrar como a existência de princípios dos direitos humanos dialogam potencialmente com a do campo do meio ambiente e como são úteis para a sua proteção. Nesse sentido, a apresentação e a descrição dos conceitos e dos princípios pode ser limitada à introdução – cujo método de elaboração será explicado *infra*. Para resumir, um trabalho universitário do tipo monográfico deve proporcionar uma análise e uma reflexão e não um relatório descritivo. Caso contrário, não pode haver um tratamento rigoroso do assunto estudado.

B. *Um método que impede o tratamento rigoroso do assunto*

Não há um tratamento com o devido rigor porque o assunto será realmente tocado apenas no final do trabalho, às vezes em poucas páginas do último capítulo. Percebe-se, por exemplo, que em muitos textos o título da última parte – o último capítulo, por exemplo – é o mesmo que o do assunto a ser tratado[4]. A argumentação e a análise em si começam nessa parte final na qual há pouco espaço para desencadear uma demonstração convincente. Isto implica, *a contrario sensu*, que os capítulos anteriores não tratam em si do assunto e pouco esclarecem sobre a problemática. Quantitativamente, a parte fundamental – e esperada – do trabalho é concentrada em poucas páginas, além disso, no final do texto. Note-se que parte da doutrina propõe esse método, caracterizando-o como articulado e lógico – mas, sem explicar claramente a articulação ou a lógica[5]. Obviamente, quando numa dissertação de 150 páginas a problemática é abordada em apenas poucas páginas, o pesquisador nunca poderá oferecer uma explicação minuciosa e detalhada da sua reflexão e dos seus resultados com a tecnicidade esperada, com a devida demonstração e com uma argumentação persuasiva. Não se pode aprofundar o exame dos problemas

4 VARELLA DIAS, Marcelo; MONEBHURRUN, Nitish. O que é uma boa tese de doutorado em Direito? Uma análise a partir da própria percepção dos programas. *Revista Brasileira de Políticas Públicas*. v. 3, n. 2, 2013, p. 431.

5 Por exemplo: CAMPOS GALUPO, Marcelo. *Da ideia à defesa*: monografias e teses jurídicas. Belo Horizonte: Mandamentos Editora, 2003. p. 145.

jurídicos. Há várias voltas diuturnas impingidas ao leitor antes de abordar o assunto cabalmente. No final, parece que cabe ao leitor pescar, buscar e entender o raciocínio do trabalho quando isso é responsabilidade e dever do autor. Chama-se rigor. O trabalho universitário deve unir conhecimento e método para pormenorizar esse conhecimento para construir uma tese argumentativa. Eis o trabalho mais difícil.

Outrossim, percebe-se que esse problema estrutural se coaduna com um problema de natureza mais substancial.

II. Um problema substancial

O método torna-se importante apenas quando o seu valor intrínseco é reconhecido, quando a sua razão de ser é compreendida e quando sua utilidade é sabida. Por isso, é preciso estar convencido a montante da pesquisa de que um método serve a algo, e que o seu propósito é auxiliar na elaboração da pesquisa e na confecção da tese. O método é uma ferramenta para construir o pensamento e para saber os nossos limites enquanto pesquisadores. Logo, quando o método é negligenciado, o esforço de apresentar um pensamento pessoal é dirimido (A) além de ter o risco de ultrapassar as competências técnicas ao adentrar em searas cujo teor não dominamos (B).

A. *O problema com a valorização do pensamento pessoal*

Muitos trabalhos acadêmicos em Direito revelam que o valor do método é insignificante, o que tem como consequência resultados (monografias, teses, dissertações) enfraquecidos (i). Esse problema é, no fundo, sintomático da falta de distância crítica que tende a acompanhar o pesquisador no seu trabalho (ii).

(i) *Um problema decorrente do valor conferido ao método de estruturação do trabalho jurídico*

Da mesma maneira que existem métodos para conduzir a pesquisa, há métodos para estruturar o trabalho final. A estrutura de um texto jurídico não é algo formal. É o esqueleto que permite sustentar uma tese e, por isso, deve ser confeccionado com muita atenção. Entretanto, observa-se o valor periférico conferido ao método utilizado para a estruturação de um trabalho jurídico: por essência, o método parece secundário, relegado a um plano meramente formal. Menosprezar a lógica de estruturação de uma tese equipara-se a menosprezar a própria tese. Por isso, a escrita de um trabalho jurídico começa de fato apenas quando se tem a estrutura – sintetizada pelo sumário –, pronta. Não se pode escrever um texto em bloco para depois dividi-lo artificialmente em capítulos ou seções, pois isso remeteria a escrever antes e a pensar depois. Calibrar a estrutura de um trabalho jurídico é algo estratégico porque significa pensar em como concatenar logicamente os argumentos para sustentar a tese. Quando isso não é explicado ao aluno, tende-se a acreditar que a estruturação do trabalho é de diminuta importância por ser meramente formal. Pensar cabalmente na estrutura lógica do trabalho facilita o diálogo com o leitor, permite atrai-lo mais facilmente às ideias e ao raciocínio do autor. O argumento jurídico elabora-se com base em conhecimento oriundo da pesquisa (substância), mas também na maneira de apresentá-lo de forma convincente (estrutura). Os autores sabem por que escrevem, mas não para quem: a figura do leitor não é considerada, as suas expectativas são negligenciadas, e ele é afastado do foco do trabalho. Ou seja, a falta de método provoca um problema de comunicação potencial. Perde-se de vista que um argumento jurídico deve convencer – pois é a sua essência –, e que o convencimento é um processo rigoroso e complexo. O trabalho não deve se apresentar como uma exposição de conhecimento, mas como um processo argumentativo cujo objetivo seja convencer: eis assim que se confirmam as técnicas e as competências do jurista. Ora, sem um método meticuloso e sem um valor real atribuído a ele, é difícil ter uma produção científica contundente. Nesse caso, torna-se fácil ceder a um outro tipo de problema, aquele da falta distância crítica.

(ii) Um problema de falta de distância crítica

A ladainha é conhecida: "Tu pensarás apenas ao fazer uma tese de doutorado". Comumente, os alunos da graduação e, às vezes, do mestrado são impedidos de manifestar a sua opinião ao preparar, respectivamente, uma monografia ou uma dissertação[6]. A formação se inicia e se continua com essa crença, incorporada à mente dos jovens juristas, de que não são habilitados para pensar. Em vez de formar os alunos a desenvolver a capacidade de raciocinar e de argumentar de forma independente, fomentando, para tanto, maturidade e capacidade crítica, semeia-se um inibição. Ou seja, a principal função da universidade é esvaziada. Nesse processo, constata-se que a "consciência crítica"[7] que Darcy Ribeiro queria tanto para a universidade brasileira é menosprezada.

O problema chamado aqui de distância crítica é a facilidade com a qual muitos alunos se entregam à doutrina e deixam esta última pensar por eles. Utiliza-se a doutrina como um

---

6 Em geral, ver: MAFEI RABELO QUEIROZ, Rafael. Como encontrar um bom tema dentro de minha área de interesse?. In: MAFEI RABELO QUEIROZ, Rafael; FEFERBAUM, Marina. *Metodologia jurídica*: um roteiro prático para trabalhos de conclusão de curso. São Paulo: Saraiva, 2012, p. 64-6.

7 RIBEIRO, Darcy. *De fracasso em fracasso*: o Brasil como problema. Brasília: Editora UnB. 2010, p. 67.

argumento de autoridade. Em vez que pensar com a doutrina, de utilizá-la para construir uma reflexão, prefere-se apenas compilá-la. Isto se verifica na forma como a doutrina é utilizada nos textos: vários contêm inúmeras frases começando com "Segundo X ou segundo Y, ou Para X ou Y", e no final, sabemos o que todo o mundo pensa, menos o aluno. Nesse processo de *name dropping,* há uma sacralização da doutrina. Isso se manifesta também no uso que se faz do marco teórico.

O marco teórico não é, em si, um problema. O problema surge quando atrás da onda doutrinal, os alunos tentam buscar um refúgio confortável no qual não é preciso mais pensar, no qual tudo já foi mastigado e se encontra pronto para ser repetido. Ao proceder dessa forma, o próprio papel da doutrina – que é incitar a mais reflexões sobre um assunto – é negado. Assim sendo, os trabalhos se tornam meras repetições de autores sacralizados ou menos sagrados, e representam intrinsecamente pouco interesse, pois não há esforço para resolver um problema jurídico. Parece que são trabalhos feitos para validar um curso, para obter um diploma; por conseguinte, a relação com os estudos do Direito torna-se mecânica. A valorização da ciência jurídica e do ensino *completo* do direito não é possível sem uma distância crítica, pois o jurista não pode ser um robô... e os professores não podem querer que os alunos o sejam.

O uso de um método rigoroso visa a consolidar o raciocínio jurídico que deve sustentar qualquer argumentação jurídica. Caso contrário, a argumentação e o raciocínio sofrem ambos de um colapso. Do conjunto dos problemas identificados no método da construção da argumentação jurídica resultam algumas consequências prejudiciais sobre o raciocínio jurídico, que por seu lado se torna combalido.

Esse problema é acentuado por uma tendência que pode ter o jurista de ultrapassar a sua zona de competências técnicas.

B. *O distanciamento problemático da esfera de competências técnicas*

Por distanciamento, entende-se o fato de engajar-se em discussões cujo teor teórico e cujas ferramentas metodológicas não são dominados. Essa problemática se constata, em especial, quando o jurista adentra em trabalhos multidisciplinares (i) e se confirma quando aborda o direito comparado (ii).

(i) Um problema de método nos trabalhos multidisciplinares

Os trabalhos multidisciplinares são aqueles nos quais o Direito é aplicado e estudado juntamente com outras ciências, normalmente, sociais. Há, nessa linha, muitos trabalhos que mesclam o direito com a sociologia, a economia, as ciências políticas, a antropologia etc. Não existe um problema intrínseco e de princípio com esse método. Os problemas sociais precisam de vários esclarecimentos, e a resolução de um problema requer em muitos casos e simultaneamente a contribuição do direito e de outras ciências sociais.

Contudo, torna-se problemática quando não há um método para tanto[8]. Lamentavelmente, o jurista às vezes tem esse defeito de acreditar que o domínio do direito implica, por extensão, o das outras ciências sociais, e versa então sobre estas como se estivesse dentro da normalidade científica. Outros trabalhos apenas seguem uma onda de multidisciplinaridade apenas porque faz parte de uma tendência. Em ambos os ca-

8 Ver a reflexão de: CORRÊA DA COSTA LEISTER, Ana Carolina; LIANG WANG, Daniel Wei. Quando convém fazer um trabalho interdisciplinar e como devo fazê-lo? Exemplos de direito e economia. In: MAFEI RABELO QUEIROZ, Rafael; FEFERBAUM, Marina. *Metodologia jurídica*: um roteiro prático para trabalhos de conclusão de curso. São Paulo: Saraiva, 2012, p. 191-209 (Série GVLaw).

sos, quase ninguém se pergunta: 1) Por que se referir à multidisciplinaridade? 2) Quais são as técnicas necessárias para um trabalho multidisciplinar sério e contundente?

Para abordar um assunto de forma multidisciplinar, é preciso justificar porque uma mera análise jurídica não basta, e, além disso, importa demonstrar que se tem não apenas o conhecimento sólido, mas também o domínio cabal dos instrumentos e das técnicas de outras ciências que se pretende utilizar. Caso contrário, o trabalho tem pouco interesse: aquele que quer ler um estudo sociológico ou econômico sobre um assunto consultará uma obra de um sociólogo e de um economista, e não a de um jurista. Por definição, um jurista não é a pessoa mais competente e indicada para lidar com assuntos ligados à sociologia, às ciências políticas ou à economia. É por isso que há sociólogos, cientistas políticos e economistas; é por isso que há faculdades diferentes, formações diferentes, diplomas diferentes, profissões diferentes – e métodos diferentes inerentes a cada ciência.

As ciências sociais com certeza dialogam, mas têm métodos diferentes – não se trata de um método inconsútil que liga todas essas ciências. Ignorar essa realidade e mergulhar numa abstração em que todas as ciências são naturalmente conectadas equipara-se a uma falta de rigor científico. E sobretudo jogo intelectual com conceitos pode trazer uma satisfação para os que assim atuam, mas se encontra a anos-luz do que se chama seriamente de ciência. Pela leitura de um trabalho jurídico, o leitor ou o examinador busca basicamente ver se o aluno é um jurista competente.

Há pelo menos duas posturas ao examinar um método multidisciplinar. Primeiramente, e sendo humilde, o jurista pode reconhecer os seus limites e estudar apenas o pouco que o direito pode propor para um assunto específico; assim, a sua contribuição será aquela de um jurista. Em segundo lugar, ele pode optar por sincretizar várias ciências para chegar a uma conclusão. No entanto, ao proceder dessa forma, ele deve imperativamente justificar minuciosamente todos os seus passos e explicar e frisar de modo preliminar as técnicas e os métodos a serem utilizados assim como a necessidade imprescindível de uma abordagem multidisciplinar; no mesmo sentido, deverá demonstrar as suas competências para sincretizar os métodos, ou seja, além de ser jurista, deverá ele provar que pode atuar como economista ou sociólogo ou cientista político, o que não é algo óbvio. O jurista deve ter um conhecimento multidisciplinar, mas não deve confundir isso com a competência técnica para atuar em âmbitos não jurídicos.

Nessa mesma toada, acrescenta-se outro problema substancial que macula os trabalhos acadêmicos, notadamente pela falta de domínio e de uso dos métodos adequados: o uso criticável do direito comparado.

(ii) Um problema com o uso do Direito Comparado

O estudo do direito comparado se subdivide em macrocomparações e em microcomparações. Numa macrocomparação, comparam-se sistemas jurídicos diferentes[9]. Seria, por exemplo, a comparação geral entre o sistema do direito romano-germânico e o sistema de *common law* para salientar as suas diferenças e as suas eventuais similaridades. Num estudo de microcomparação, faz-se uma análise cruzada de um instituto jurídico em dois ou mais sistemas jurídicos diferentes[10]. Seria,

9 FERREIRA DE ALMEIDA, Carlos. *Introdução ao Direito Comparado*. 2. ed. Coimbra: Almedina, 1998. p. 9-10.

10 FERREIRA DE ALMEIDA, Carlos. *Introdução ao Direito Comparado*. 2. ed. Coimbra: Almedina, 1998. p. 10-11. Ver geralmente: WIGMORE, John Henry. A New Way of Teaching Comparative Law. *Journal of the Society of Public Teachers*, 1926, p. 6 (acesso pelo Heinonline).

por exemplo, um estudo comparado do direito da propriedade no direito chinês e no direito brasileiro. Ora, o direito comparado tem um método[11].

Os trabalhos acadêmicos, como também as decisões do poder Judiciário[12], fazem um uso atécnico do direito comparado. O direito comparado se reduz à mera citação do direito estrangeiro – por vezes – de forma cosmética ou retórica – outras vezes –, sem que haja sequer uma referência às fontes primárias. Outrossim, o direito comparado é utilizado com uma certa facilidade para importar institutos jurídicos alheios sem filtro: em vez de pensar nos problemas locais com instrumentos jurídicos locais adaptados, o primeiro reflexo é consultar o direito estrangeiro, tornando assim o direito comparado um argumento de autoridade. Eis algo que se

---

11 ANCEL, Marc. *Utilidade e Métodos do Direito Comparado*. Porto Alegre: Fabris, 1980. p. 47.

12 Ver, por exemplo, Supremo Tribunal Federal. *Arguição de Descumprimento de Preceito Fundamental 130* – Distrito Federal. Relator Min. Carlos Ayres Britto, 2009; Supremo Tribunal Federal. *Ação Direta de Inconstitucionalidade (ADI) 3.510* – Distrito Federal. Min Relator Ayres Britto. 2008; Supremo Tribunal Federal. *Habeas Corpus 124.306* – Rio de Janeiro. Min Relator Marco Aurélio. 2016; Supremo Tribunal Federal. *Ação Direta de Inconstitucionalidade (ADI) 6524* – Distrito Federal. Min. Relator Gilmar Mendes. 2020. Ver geralmente: PERRONE CAMPOS MELLO, Patrícia; MENESES GRAÇA, Felipe. O STF em rede? Quanto, como, com que engajamento argumentativo o STF usa precedentes estrangeiros em suas decisões? *Revista de Direito Internacional*, v.17, n. 1, 2020, p. 93-125; FREIRE, Alonso; SAUAIA. Suprema imprecisão: a metodologia em Direito Constitucional Comparado e as deficiências em seu uso pelo Supremo Tribunal Federal. *Revista de Direito Internacional*, v. 17, n. 2, 2020, p. 126-142; DE SIQUEIRA MIRANDA PAIVA, José Eduardo. *A arbitrariedade na fundamentação das decisões do Supremo Tribunal Federal*. Rio de Janeiro: Lumen Juris, 2017, p. 67 *et seq*.

verifica na própria prática do STF[13]. Percebe-se também que há um núcleo de países cujo direito é mais consultado nesse exercício de comparação. São, por exemplo, os Estados Unidos, a Alemanha ou a França – algo que um velho decreto brasileiro chamava de "povos cultos"[14].

Nesse uso sem método do direito comparado, além de negligenciar as fontes primárias, desloca-se o direito do seu contexto. O estudo técnico de direito comparado requer um domínio de fatores jurídicos (o próprio sistema jurídico, as instituições jurídicas, a formação das fontes primárias) e extrajurídicos (a língua, a história, a política, a economia, a sociedade, às vezes a religião) atinentes ao direito estrangeiro sendo estudado[15]. Além do mais, o trabalho do comparatista

---

13 Ver, por exemplo: Supremo Tribunal Federal. *Arguição de Descumprimento de Preceito Fundamental 130* – Distrito Federal. Relator Min. Carlos Ayres Britto, 2009

14 BRASIL. Decreto n. 848. Organiza a Justiça Federal (11/10/1890), disponível em: https://www2.camara.leg.br/legin/fed/decret/1824-1899/decreto-848-11-outubro-1890-499488-publicacaooriginal-1-pe.html. O art. 386 do decreto dispunha: "Constituirão legislação subsidiária em casos omissos as antigas leis do processo criminal, civil e comercial, não sendo contrárias às disposições e espírito do presente decreto. Os estatutos dos povos cultos e especialmente os que regem as relações jurídicas na República dos Estados Unidos da América do Norte, os casos de common law e equity, serão também subsidiários da jurisprudência e processo federal".

15 CONSTANTINESCO, Leontin-Jean. *Tratado de Direito Comparado*: introdução ao Direito Comparado. Rio de Janeiro, Renovar. 1998, p. 83-84; GUTTENRIDGE, Harold Cooke. *Comparative Law*: an Introduction to the Comparative Method of Legal Study and Research. Cambridge: Cambridge University Press, 1946, p. 128; VAN HOECKE, Mark. Methodology of Comparative Law Research. *Law and Method*, v.4, 2015, p. 27; LEGRAND, Pierre. *Le Droit comparé*. Paris: PUF, 2015, p.19; FERREIRA DE ALMEIDA,

requer várias vezes estudos *in loco* – sabendo que ser comparatista é uma profissão. Eis aqui apenas uma amostra dos fatores menosprezados nos trabalhos acadêmicos que pretendem utilizar o direito comparado.

Os problemas acima apontados impedem em muitos casos uma demonstração completa e uma arguição convincente. Nesse processo, um dos elementos fundamentais ao construir um texto jurídico, que é a consideração das expectativas dos leitores potenciais, é negligenciada. O desafio do autor é não perder os seus leitores e, por isso, ele deve ter precisão e rigor metodológico. Para tanto, o seu conhecimento, a sua sabedoria e toda a sua pesquisa não devem apenas ser 'jogados' de forma desordenada aos leitores, pois o risco é o de perdê-los. Resolver os problemas estruturais e substanciais é o passo científico preliminar que deve acompanhar todo trabalho sério; organizar e ordenar os argumentos são aqui os desafios a superar. Para tanto, é possível propor um método para a construção da argumentação jurídica.

Carlos. *Introdução ao Direito Comparado*. 2. ed. Coimbra: Almedina, 1998, p. 22; AGOSTINI, Eric. *Droit comparé*. Paris: PUF, 1988, p.16.

Capítulo 2 Proposta de método para a construção da argumentação jurídica

Antes de tudo, o método abrange técnicas organizacionais para desencadear de maneira ordenada o raciocínio jurídico que sustentará a demonstração de uma tese. No direito, o convencimento é oriundo principalmente da argumentação, e raramente da descrição. Proceder de forma metodológica visa tornar a argumentação inatacável. Há, portanto, etapas para a construção de uma demonstração rigorosa e convincente: a fase preliminar que será explicada é, nesse sentido, imperativa (I) para facilitar a fase escrita que seguirá (II).

I. A fase preliminar

A fase preliminar consiste em preparar o terreno para que a parte escrita flua logicamente e rapidamente. É a parte na qual todo o trabalho se pensa e se organiza: é nessa fase que se constrói o fio condutor da argumentação. Segundo o método aqui proposto, a construção da argumentação jurídica começa com um processo de problematização (A) e se completa por uma técnica de sintetização (B).

A. A construção da argumentação jurídica pela problematização

É necessária uma pesquisa organizada, guiada e completa (i) para iniciar o processo de problematização, na busca da problemática (ii).

(i) A problematização oriunda da pesquisa

Para qualquer tipo de trabalho universitário é sempre fundamental definir e conhecer os conceitos-chave do assunto que está sendo tratado (1), pois é o passo preliminar obrigatório para saber como orientar a pesquisa (2).

(1) A definição dos conceitos-chave para a pesquisa

Os conceitos-chave de um assunto devem sempre ser definidos a montante do trabalho. A lógica é aqui cartesiana: metodologicamente, é preciso conhecer os conceitos e os princípios que se pretende estudar antes de qualquer análise. A definição permite esclarecer – para os leitores, mas também para o próprio entendimento do autor –, a substância e os contornos dos conceitos e dos princípios fundamentais do tema[1]. O autor mostra, portanto, que ele usa definições científicas e não apenas os seus preconceitos para delimitar o trabalho e estudar o tema. É nada mais que uma demonstração de rigor científico. Percebe-se que várias teses ou dissertações ou que vários artigos abordam o tema sem sequer identificar e explicar os termos fundamentais. Não se pode considerar *ab initio* num trabalho científico que os termos são autoexplicativos; não se pode antecipar que o leitor os entenderá automaticamente. Todos os termos têm um significado próprio na linguagem do direito e a necessidade de definir implica a busca desse sentido e do efeito útil de cada conceito. No Direito, os termos são sempre escolhidos e nunca são

1 MAFEI RABELO QUEIROZ, Rafael. Como encontrar um bom tema dentro de minha área de interesse?. In: MAFEI RABELO QUEIROZ, Rafael; FEFERBAUM, Marina. *Metodologia jurídica*: um roteiro prático para trabalhos de conclusão de curso. São Paulo: Saraiva, 2012, p. 55 (Série GVLaw).

acidentais. Por isso, cabe ao autor revelar o sentido intrínseco de todas as palavras-chave do assunto, até porque dependendo do contexto alguns termos podem ser polissêmicos e não cabe ao leitor decifrar e decodificar o seu sentido. É uma forma socrática de avançar no pensamento ordenado.

O exercício preliminar de definição e de conhecimento das palavras-chave permite delimitar as questões tópicas frisadas pelo assunto que está sendo examinado. Trata-se do primeiro passo da pesquisa: as palavras consideradas como chaves indicam o caminho para iniciar a pesquisa, para saberem que fontes pesquisar.

(2) As fontes para a pesquisa

Ao começar um trabalho jurídico, o reflexo de muitos alunos é referir-se em primeiro lugar aos textos doutrinais. Busca-se o que já foi escrito e produzido pela doutrina sobre o assunto, e a doutrina torna-se a base a partir da qual parte a pesquisa.

O método aqui apresentado segue uma lógica diferente. A doutrina será, com certeza, consultada, mas não no início. A razão para tanto é simples: este método avança na pesquisa indo das fontes mais objetivas às fontes mais subjetivas – e a doutrina encontra-se nessa última categoria. Todos os especialistas das ciências sociais têm a sua matéria-prima: a do jurista é o texto normativo, seja a lei, a Constituição, os tratados; são todos os instrumentos positivados no direito. São eles que o jurista deve consultar antes de tudo. Ao pensar num problema jurídico e ao tentar resolvê-lo, é o direito aplicável – o direito bruto –, que deve ser examinado[2]. Par-

2 Sobre a pesquisa legislativa, ver: DE PAULA, Felipe; DE PAIVA MENDES, Luiz Guilherme. A pesquisa legislativa: fontes, cautelas e alternativas à abordagem tradicional. In: QUEIROZ RABELO MAFEI, Rafael; FE-

tindo desta primeira fonte, o jurista deve construir a sua própria opinião sobre o seu tema, relacionando-o à inquietação que embasa a pesquisa. Eis algo a ser feito antes de examinar o que pensa a doutrina. Esse processo acostuma o aluno a pensar por si mesmo, e não pela procuração da doutrina. Trata-se da forma socrática de avançar na pesquisa, vislumbrando, sempre, a busca e a valorização da confecção de uma opinião pessoal autônoma.

Na lógica da gradação das fontes, da mais objetiva à mais subjetiva, é a pesquisa da jurisprudência que deve seguir após a busca dos instrumentos jurídicos positivados; o objetivo é entender como os textos normativos foram oficialmente interpretados pelos tribunais nacionais ou internacionais. Para o jurista é o direito aplicado e aplicável que prevalece antes de tudo. Ao apresentar uma petição e ao pleitear perante um tribunal, todo advogado deve demonstrar que o direito positivo foi violado; utilizando um silogismo jurídico, ele deve explicar como determinados fatos infringiram uma norma: utilizar-se-á, detarte e obrigatoriamente, o próprio texto jurídico cuja violação está sendo pleiteada. Para esta demonstração, a jurisprudência anterior é útil para entender como determinada regra já foi interpretada.

É apenas no final que a doutrina deve ser utilizada para entender a opinião dos professores. A interpretação doutrinária é o pensamento pessoal do autor com as suas posições subjetivas e, às vezes, com os seus preconceitos ou com os seus marcos teóricos que podem, aliás, ser escolhidos mais por afinidade que por relevância. O objeto deste método não é me-

---

FERBAUM, Marina. *Metodologia da Pesquisa em Direito*: técnicas e Abordagens para elaboração de monografias, dissertações e teses. 2. ed. São Paulo: Saraiva, 2021, p. 129 *et seq*.

nosprezar o valor da doutrina: ao contrário, a doutrina é de suma importância, mas o pesquisador precisa saber conferir-lhe o valor que ela tem na sua relação com as outras fontes.

Dirão alguns, todavia, que a interpretação dos tribunais pode também ser contaminada pelos preconceitos dos juízes, ou, no mesmo sentido, que a própria lei contém a opinião subjetiva do legislador – e que no final, não há fontes objetivas. Ora, não se trata aqui de fontes objetivas *per se* ou puras, mas das fontes mais objetivas na hierarquia da normatividade, segundo o que possui a força mais vinculante. A doutrina serve para relevar o sentido das fontes primárias. Isso não significa que o teor das normas ou das decisões não seja criticável. Se, por óbvio, a crítica deve segura e fundamentalmente existir, ela deve considerar a realidade do direito positivado. É pouco científico o jurista que se limita à afirmação de que tudo é fatalmente político, e que logo todas as abordagens do Direito se valem. É também um truísmo afirmar que o direito é – pois, sempre foi! – ligado à política. O papel do jurista é, justamente, dissociar o político do jurídico sem, portanto, ignorar essa coexistência. Ele sabe que a política pode influenciar o direito, mas a sua função é estudar e explicar os fenômenos jurídicos. O jurista é formado para lidar com questões, problemáticas e assuntos jurídicos. É um papel humilde, mas importantíssimo: se é preciso saber os nossos limites científicos, devemos ao mesmo tempo conferir a esse papel o seu valor intrínseco. Enraizado na realidade e no funcionamento do direito, ciente do processo da formação do direito, o jurista deve sempre estudar o direito que se aplica, mantendo, sempre também, a sua distância crítica. Por isso, é o estudo do direito positivado que constitui o primeiro passo no caminho da pesquisa jurídica.

Para resumir, os passos a seguir para a pesquisa vão do direito mais positivo ao menos positivo, dependendo claramente do sistema jurídico relevante: os precedentes serão nesse sentido estudados em primeiro lugar num sistema de *common law*; será a lei que prevalecerá num sistema do direito romano-germânico; o direito costumeiro será a fonte fundamental no âmbito de um estudo sobre alguns sistemas de direito africano.

Assim, para um sistema de direito romano-germânico como o direito brasileiro, os passos a adotar para a pesquisa serão:

1. O texto aplicável (Constituição, lei...)
2. Os costumes
3. Os princípios gerais de direito
4. As decisões anteriores
5. A doutrina

Essa ordem não decorre de uma invenção. As três primeiras fontes – junto com a analogia – e a ordem delas são oriundas da própria Lei de Introdução às Normas do Direito Brasileiro – do art. 4º do Decreto-Lei n. 4.657 de 1942. No direito internacional, o ordenamento das fontes obedece a uma lógica similar segundo o art. 38 do Estatuto da Corte Internacional de Justiça, que dispõe sobre as fontes do direito internacional; há três fontes principais e dois meios auxiliares:

As fontes principais:
1. Os acordos internacionais
2. Os costumes
3. Os princípios gerais do direito

Os meios auxiliares:
1. As decisões judiciais
2. A doutrina

As decisões anteriores são importantes por fomentar a jurisprudência, mas também porque são elas que revelam em muitos casos os costumes e os princípios gerais de direito. Nessa construção, iniciando pela fonte mais objetiva (os textos normativos aplicáveis), a pesquisa continua nas fontes mais subjetivas (a doutrina). Esta última tem um papel fundamental para o estudo do direito, pois é um observador, crítico do trabalho dos legisladores e dos tribunais. Entretanto, antes de chegar a ela, é aconselhável que o jurista construa a sua própria opinião sobre o tema estudado. Uma vez que tenha o seu pensamento pessoal, ele poderá compará-lo com a doutrina para ver onde se situa a sua reflexão em relação àquela dos demais autores. É uma técnica que permite ao pesquisador saber se a sua posição em relação à problemática é original e se está em concordância ou em dissonância com a doutrina. Com esse método, o jurista pensa por si mesmo antes de ler o pensamento dos outros: ele se liberta *ab initio* da doutrina, mas volta a ela no final. A doutrina aparece assim como um apoio: o jurista pode utilizá-la para sustentar um argumento; ele pode também defender uma posição criticando, nesse processo, as posições doutrinais. Em todo caso, ele não se vincula sistematicamente a um eixo doutrinal ou a um marco teórico; ele se vincula prioritariamente a sua capacidade de pensar e de raciocinar.

Da pesquisa feita ao perscrutar as fontes acima mencionadas, tem-se já uma ideia mais nítida das grandes questões, dos grandes debates e dos problemas relativos ao assunto. A partir deste ponto de pesquisa, o pesquisador deve posicionar-se ao problematizar o tema. Para tanto, o próximo passo é a busca de uma problemática para direcionar o trabalho.

(ii) A busca da problemática

A definição da problemática (1) e uma ilustração conseguinte (2) permitirão explicar a busca.

(1) A definição da problemática

A problemática é a perspectiva escolhida para examinar um assunto. É a identidade do trabalho, pois é o ângulo pelo qual o autor decidiu abordar uma questão jurídica. A problemática corretamente apresentada é fundamental para entender o objeto do trabalho e a sua utilidade. Com uma pesquisa completa, torna-se possível entender as questões que ainda não foram resolvidas em relação a um determinado assunto; é também possível perceber sob qual perspectiva um assunto, embora muito estudado, não foi examinado. Abre-se então o espaço para elaborar uma problemática, isto é, a grande questão original que orientará toda a construção do trabalho e todo o processo argumentativo. A problemática é a pedra angular do trabalho visto que a 'tese' é a construção de uma resposta à problemática.

O objeto do trabalho, o seu fio condutor ou a sua delimitação se entendem pela problemática. Uma vez que se tem todos os insumos – oriundos da pesquisa – para pensar num assunto, é preciso canalizar o conhecimento para propor uma análise. A problemática corrobora se a perspectiva escolhida para o estudo é jurídica e, portanto, se o autor está pensando e raciocinando como um jurista.

Sendo a identidade do trabalho, a problemática deve ser original e inovadora, pois, nesse caso, assim será também a tese defendida. Por isso, dedica-se um tempo considerável e efetua-se uma pesquisa minuciosa para encontrar a originalidade de uma tese, para descobrir o que não existe nos trabalhos existentes.

No âmbito do texto escrito, a problemática é apresentada e justificada na introdução e, mais especificamente, numa parte determinada da introdução – o que será explicado *infra* ao ver o método da introdução. Por agora, é possível dar uma ilustração da formulação da problemática.

(2) Uma ilustração da problemática

A formulação da problemática pode ser relativamente mais fácil quando o assunto a ser examinado já aparece sob um formato interrogativo. Considerando este assunto geral "Devemos sempre respeitar as leis?", é possível ver que a problemática está implícita e quase inerente ao tema. Uma forma simples e muito prosaica para problematizar neste caso seria, por exemplo: *em quais circunstâncias o respeito das leis pode ser ultrapassado?* Talvez não seja aqui a forma mais original para lidar com esse assunto, e se a problemática proposta tem o mérito da simplicidade e da clareza, ela não deixa de ser muito escolar e, até certo ponto, banal e esperada – sem estar, todavia, errada. O interesse que essa escolha pode despertar não será necessariamente alto. Para o mesmo assunto, existem outras formas de problematizar. Um exemplo pode ser o seguinte: *se em razão da sua própria existência material é esperado que as leis sejam respeitadas e cumpridas, algumas circunstâncias excepcionais podem justificar a sua violação?* Essa formulação é dialética, ligeiramente mais sofisticada que a primeira problemática, e desperta potencialmente e com maior probabilidade o interesse do leitor desde o início.

Buscar a problemática implica encontrar a perspectiva para propor um estudo inovador que contribua à reflexão sobre o tema e que não seja uma mera compilação de trabalhos existentes.

O outro tema pode ser utilizado para continuar as ilustrações de problemáticas: "o soft law". Uma forma de problematizar pode ser: *o soft law deve ser sistematicamente descartado dos estudos jurídicos em razão do seu valor não vinculante?* Uma resposta (tese) potencial a esta problemática seria, por exemplo: *se uma parte da doutrina minimiza o valor do* soft law, *a observação da prática mostra que ele pode adquirir uma consolidação jurídica com efeitos vinculantes na prática*. Pode haver várias possibilidades para examinar a questão do *soft law*; o ângulo aqui escolhido frisa a problemática do valor jurídico do *soft law* na prática. Uma outra problemática poderia propor um estudo mais teórico do tema; um outro ainda poderia adotar uma posição crítica em relação ao assunto. As problemáticas se valem quando elas são devidamente justificadas.

A partir da problemática é possível começar o processo de argumentação; é a fase de construção dos argumentos e do raciocínio para sustentar a tese. É o trabalho intelectual cujo objetivo é propor uma reflexão sobre a problemática e algumas respostas para resolvê-la. Essa argumentação pode ser desencadeada por um processo chamado sintetização.

B. A estruturação da argumentação jurídica pela sintetização

A sintetização permite ir diretamente ao ponto e evita que o autor fuja do assunto. Sintetizar os argumentos implica, na realidade, construir o sumário. Este, se for corretamente organizado, reflete a tese do autor e revela o fio condutor do trabalho. Entender o método sintético significa compreender a essência, o valor real e o uso de um sumário (**i**) antes de poder utilizá-lo (**ii**).

(i) Entendendo o método sintético na construção do sumário de um trabalho jurídico.

A partir da essência do método (1) é possível entender as ferramentas que ele oferece na construção de um sumário (2).

(1) A essência do método

Com a pesquisa feita, a parte escrita do trabalho jurídico pode parecer fácil. No entanto, uma fase entre a pesquisa e a escrita é, em muitos casos, negligenciada: é a parte da construção do sumário. Muitas vezes, o sumário é elaborado de uma maneira artificial no sentido de que as diferentes partes (capítulos, subitens, etc.) do texto não têm uma relação lógica entre si.

A diferença entre um sumário construído e pensado e um sumário protocolar é que o primeiro é atento ao leitor e considera as suas expectativas. Há, na primeira hipótese, uma preocupação de clareza e uma vontade de convencer o leitor ao mostrar-lhe a lógica que costura todas as partes do texto. O sumário reflete o pensamento do autor e a sua demonstração: constitui as vértebras do seu raciocínio[3]. Portanto, um sumário desorganizado revela potencialmente uma argumentação desordenada, o que é, por óbvio, um óbice à sustentação de uma tese.

Uma metáfora pode ser utilizada para ilustrar esse ponto: a metáfora da visita do castelo. Face à imensidade de um castelo, é possível andar sozinho nele para tentar descobri-lo e entender a sua história, a sua arquitetura, a sua estrutura... Não obstante, não sendo um especialista, é sempre difícil visitar um castelo sozinho de uma maneira completa, compreensiva e ordenada, entendendo imediatamente o uso de determinado quarto, de uma torre, da determinada escada, de um calabouço ou do contexto atrás de uma pintura, da cor de uma parede, do tamanho de uma cama. Nessas circunstâncias, é muito fácil se perder – seja fisicamente, seja na compreensão da história do castelo –, embora estando nele. Se seria objetivamente possível dizer que houve uma visita do castelo, a sua compreensão seria, entretanto completa. Metaforicamente o castelo simboliza todas as informações

---

3 DE OLIVEIRA LEITE, Eduardo. *A monografia jurídica*. 3. ed. São Paulo: Revista dos Tribunais. 1997, p. 118.

que decorrem da pesquisa feita para um trabalho jurídico. Se essas informações são jogadas aos leitores de uma forma desordenada e desarticulada, eles terão com certeza uma grande dificuldade para entender o raciocínio. A pesquisa pode ser de forte relevância, mas se não for apresentada de uma maneira organizada e racional todo o exercício se torna completamente fútil. Não se convence o leitor quando se tem todos os elementos para resolver um problema e que estes não são corretamente aplicados, simplesmente porque enseja que a problemática não será cabalmente resolvida. Para voltar à metáfora do castelo, a visita torna-se imediatamente compreensível, completa, acessível e interessante quando há um guia para conduzir, orientar e explicar. A imensidade do castelo pode, assim, ser absorvida. Sob a mesma lógica, um trabalho jurídico deve ter um guia; este último materializa-se na forma de um método de estruturação apropriado devidamente refletido na organização do sumário. Este ordena os argumentos do autor para racionalizar a sua demonstração. Esse processo requer rigor, concisão e coerência para tornar uma tese complexa facilmente acessível ao leitor. Para tanto, o método sintético oferece algumas ferramentas úteis.

(2) As ferramentas do método sintético

As ferramentas são as da desconstrução *a priori* e da reconstrução *a posteriori* dos argumentos: dividir no início para unir, agrupar e harmonizar no final. Dessas ferramentas (2.1) verifica-se uma lógica quase matemática para construir uma tese (2.2).

(*2.1*) Da desconstrução à reconstrução da argumentação

Sintetizar significa dividir as partes de um todo com o espírito de resumi-las. O método sintético se apoia na ideia de uma divisão e na pormenorização lógica dos argumentos ao apresentar e ao construir um texto jurídico. Diferencia-se completamente da lógica do tríptico Tese – Antítese – Síntese.

Após um processo de pesquisa robusto para estudar um determinado assunto, torna-se possível formular alguns argumentos que permitem responder à problemática. Esses argumentos são em seguida utilizados para construir a sequência do sumário, que é a coluna vertebral do trabalho. Ao ler apenas os títulos do sumário, o leitor deve saber o objeto de cada parte e a argumentação geral[4]. A formulação dos títulos deve, por isso, ser rigorosa e precisa. O sumário na sua integralidade apresenta-se como uma fotografia da tese. Ele expressa já os resultados da pesquisa, isto é, a aplicação da pesquisa à problemática para propor uma reflexão.

Supondo que a pesquisa permita encontrar nove (9) ideias e argumentos para examinar uma determinada problemática[5], a forma mais fácil para apresentar um sumário com essas informações será dividi-lo em nove partes: nove capítulos, por exemplo. Cada ideia, cada argumento seria assim exposto em um capítulo. Em si, esse método não está errado, mas não entra na lógica da sintetização por ao menos duas razões.

Primeiramente, sob essa lógica de apresentação, a construção do sumário se torna pouco prática se em vez de nove ideias e argumentos há vinte, trinta ou mais – o que é normalmente o caso para trabalhos do tipo monográfico. Um sumário com trinta capítulos peca pela estranheza da estruturação e, nesse sentido, pela dificul-

4 DE OLIVEIRA LEITE, Eduardo. *A monografia jurídica*. 3. ed. São Paulo: Revista dos Tribunais. 1997, p. 118.

5 Entrarão aqui os argumentos/as ideias finais, após uma seleção rigorosa que implica descartar outros argumentos/outras ideias. A pesquisa aporta muitas informações e nem todas devem necessariamente ser utilizadas ao fazer o trabalho; apenas as que são mais relevantes devem ser consideradas.

dade de entender e de seguir o fio condutor geral da tese defendida. Será muito mais complicado estabelecer e costurar a relação, científica, lógica e coerente que cada parte tem com a outra – do primeiro capítulo até o trigésimo, por exemplo. Há o risco de que cada parte pareça solta e independente do resto do trabalho.

Em segundo lugar, uma estruturação que segue essa forma com certeza não ajuda o trabalho do leitor, que pode se perder ao navegar entre os inúmeros capítulos; ele esquecerá provavelmente a primeira parte do trabalho ao ler a última que terá uma relação longínqua com o resto. Não poderá ele ter uma fotografia da tese com um simples olhar. Ficará mais difícil agarrar e seguir o fio condutor. Esse tipo de estruturação pode facilmente perder o leitor, pois ele não terá a possibilidade de entender a ideia central da tese pela mera leitura o sumário. Aqui, é preciso lembrar que cabe ao autor o papel de facilitar a compreensão dos leitores; não são estes que devem adivinhar o pensamento e o posicionamento do primeiro. O esforço de clareza pertence ao autor e apenas a ele.

Para remediar essa dificuldade, os nove, vinte ou trinta ideias e argumentos podem ser sintetizados em apenas algumas grandes ideias principais tendo uma relação lógica entre si. Para tanto, as ligações, as conexões e os elos lógicos entre as ideias devem ser encontrados e pensados: são as pontes que ligam os argumentos de uma maneira coerente e harmoniosa entre si. Para o jurista, a capacidade de estabelecer tais ligações depende da sua capacidade de sintetizar, isto é, de ver como agrupar as ideias relacionadas.

Supondo que após a pesquisa e a reflexão haja 9 ideias/argumentos selecionados para sustentar na tese:

Ideia/Argumento 1
Ideia/Argumento 2

Ideia/Argumento 3
Ideia/Argumento 4
Ideia/Argumento 5
Ideia/Argumento 6
Ideia/Argumento 7
Ideia/Argumento 8
Ideia/Argumento 9

Adotando um método que não seja sintético, o sumário pode ter este formato:

Capítulo 1: ----------------------------------
Capítulo 2: ----------------------------------
Capítulo 3: ----------------------------------
Capítulo 4: ----------------------------------
Capítulo 5: ----------------------------------
Capítulo 6: ----------------------------------
Capítulo 7: ----------------------------------
Capítulo 8: ----------------------------------
Capítulo 9: ----------------------------------

Como foi mencionado, o método sintético tenta encontrar as pontes possíveis entre as ideias e os argumentos disponíveis. Pela necessidade da explicação, podemos considerar que, após ter perscrutado todas as ideias, o conjunto de 9 ideias pode ser condensado em 3 grupos de argumentos:

Ideia/Argumento 1 —— I
Ideia/Argumento 2
Ideia/Argumento 3

Ideia/Argumento 4 — **II**
Ideia/Argumento 5
Ideia/Argumento 6

Ideia/Argumento 7 — **III**
Ideia/Argumento 8
Ideia/Argumento 9

Sintetizando toda a pesquisa, já temos os três capítulos principais, ou as três partes principais do trabalho:

Ideia/Argumento 1 — **CAPÍTULO 1**
Ideia/Argumento 2
Ideia/Argumento 3

Ideia/Argumento 4 — **CAPÍTULO 2**
Ideia/Argumento 5
Ideia/Argumento 6

Ideia/Argumento 7 — **CAPÍTULO 3**
Ideia/Argumento 8
Ideia/Argumento 9

A montante, já verificamos que os argumentos 1-3 têm uma relação lógica e intrínseca entre si: eles formam um argumento principal e são os três componentes de um argumento ou de uma ideia central a ser defendida. As ideias 1, 2 e 3 foram, destarte, sintetizadas num argumento principal que se torna o Capítulo 1. Esses mesmos passos e essa mesma construção se aplicam aos dois outros grupos de ideias para confeccionar os Capítulos 2 e 3. Construir os capítulos principais do trabalho utilizando esse método engendra quase naturalmente as subpartes do trabalho:

I → **CAPÍTULO 1**
II
III

I → **CAPÍTULO 2**
II
III

I → **CAPÍTULO 3**
II
III

O sumário terá *in fine* a seguinte forma:

Capítulo 1: -------------------------

I: ---------------------

II: --------------------

III: -------------------

Capítulo 2: -------------------------

I: ---------------------

II: --------------------

III: -------------------

Capítulo 3: -------------------------

I: ---------------------

II: --------------------

III: -------------------

Importa assegurar-se que os três capítulos tenham uma relação lógica entre si e que eles se coadunem para expressar a tese. No mesmo sentido, todas as subpartes de um capítulo devem também ter uma relação harmonizada: ao ler apenas os títulos das três subpartes de um capítulo, deve ser possível entender como eles se completam para alçar o capítulo em questão. Ao ler apenas os títulos dos capítulos deve ser possível captar imediatamente a tese, a argumentação geral, o fio condutor. A clareza do sumário é o espelho da perspicuidade de uma tese.

O mesmo método pode ser utilizado quando em um trabalho volumoso são necessárias mais que duas camadas de subdivisões. Isto se aplica, por exemplo, para teses ou para dissertações, e pode ser ilustrado da seguinte forma:

Principais ideais/argumentos utilizáveis após a pesquisa:
Ideia/Argumento 1
Ideia/Argumento 2
Ideia/Argumento 3
Ideia/Argumento 4
Ideia/Argumento 5
Ideia/Argumento 6
Ideia/Argumento 7
Ideia/Argumento 8
Ideia/Argumento 9
Ideia/Argumento 10
Ideia/Argumento 11
Ideia/Argumento 12

Buscando a relação lógica entre as ideias – Passo 1:

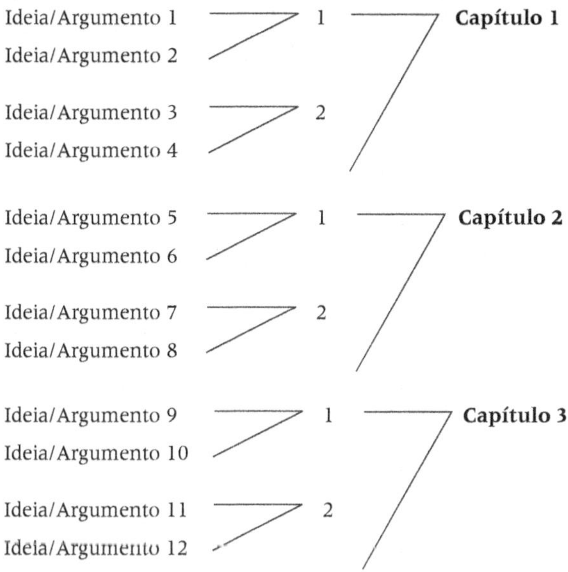

Buscando a relação lógica entre as ideias – Passo 2:

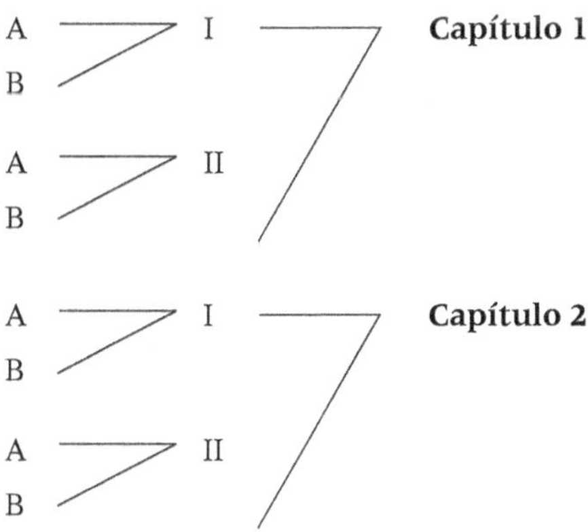

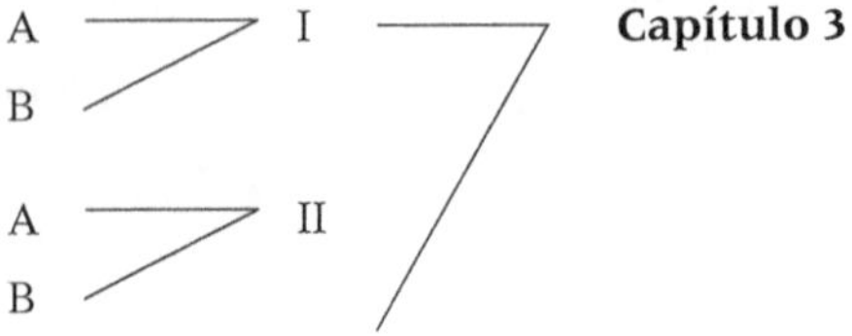

Com esse ordenamento, o sumário final terá esta forma:

Capítulo 1: --------------------------------
I: ---------------------------------------
A: ----------------------------
B: ----------------------------
II: --------------------------------------
A: ----------------------------
B: ----------------------------
Capítulo 2: --------------------------------
I: ---------------------------------------
A: ----------------------------
B: ----------------------------
II: --------------------------------------
A: ----------------------------
B: ----------------------------
Capítulo 3: --------------------------------
I: ---------------------------------------
A: ----------------------------
B: ----------------------------
II: --------------------------------------
A: ----------------------------
B: ----------------------------

Trata-se de uma construção de baixo para cima, *bottom-up*. Partindo de todas as informações decorrentes da pesquisa, adota-se um processo de sintetização para construir e organizar minuciosamente todas os níveis do raciocínio. A relação entre cada parte de um texto jurídico deve ser contínua; tudo deve fluir como uma corrente que se completa com todos os seus elos. Os argumentos devem se encaixar um ao outro. É uma lógica quase matemática que prevalece.

(*2.2*) A lógica quase matemática da argumentação

Um exemplo facilitará o entendimento do que se chama aqui de lógica quase matemática. Podemos considerar um sumário com essas divisões:

I. ----------------------------
  A. ------------------
  B. ------------------
  C. ------------------
II. ---------------------------
  A. ------------------
  B. ------------------
  C. ------------------

Daí vamos entender a lógica utilizando números, e não letras. Para tanto, podemos considerar que a problemática da tese ou da dissertação é equiparada ao número 40. Logo, o objetivo do trabalho – tese, artigo, monografia ou dissertação – será de trazer elementos de respostas para esclarecer a problemática e resolvê-la. Como os argumentos devem ser refletidos pelo sumário, espera-se que este último já ofereça a trama geral de respostas que ajudará o leitor a entender o posicionamento do autor. Para resolver uma problemática igual a 40, os elementos de resposta devem obrigatoriamente resultar a 40. Portanto, no exemplo utilizado, a soma de todos os argumentos (A, B e C de ambos os capítulos) deve ser numericamente 40.

Considerando que essas ideias/esses argumentos permitam responder à problemática "40":

Ideia/Argumento 1 = 7
Ideia/Argumento 2 = 7
Ideia/Argumento 3 = 6
Ideia/Argumento 4 = 7
Ideia/Argumento 5 = 6
Ideia/Argumento 6 = 7

Primeiro Passo: agrupar os argumentos sob uma forma lógica em relação à problemática "40":

Ideia/Argumento 1 = 7 — 20
Ideia/Argumento 2 = 7
Ideia/Argumento 3 = 6

Ideia/Argumento 4 = 7 — 20
Ideia/Argumento 5 = 6
Ideia/Argumento 6 = 7

Segundo Passo: estabelecer a relação entre capítulos principais e subpartes:

Seção 1 = 7 — **Capítulo 1:20**
Seção 2 = 7
Seção 3 = 6

Seção 1 = 7
Seção 2 = 6 **Capítulo 2:20**
Seção 3 = 7

O sumário terá, por conseguinte, a seguinte forma:

Capítulo 1: -------------------20
Seção 1:-------------------7
Seção 2:-------------------7
Seção 3:-------------------6

Capítulo 2: -------------------20
Seção 1:-------------------7
Seção 2:-------------------6
Seção 3:-------------------7

Percebe-se imediatamente porque a lógica de construção se equipara à matemática. A problemática é 40, e os argumentos principais para resolvê-la são 20 + 20. Esses argumentos aparecem nitidamente já no sumário de uma maneira facilmente acessível ao entendimento do leitor. Isso significa que a tese não foge do assunto, mas o trata completamente. Outrossim, verifica-se que o conjunto das seções de um capítulo se somam para resultar no título deste último. Não há uma seção solta, autônoma, que não trata do assunto, que não participa da resolução da problemática. Tudo é logicamente relacionado. É assim que deve ser construída a argumentação de uma tese, com essa ideia de torná-la inatacável e indefectível metodologicamente. Dessa forma, todo o trabalho será argumentativo; não haverá espaço para descrições inúteis ou para capítulos que procrastinam no avanço do raciocínio. É claro que o uso de letras e não de números (na formulação do sumário) relativiza a lógica matemática: é justamente por isso que foi chamada de lógica quase matemática. Na realidade, é a forma de construir o raciocínio que deve obedecer a esse método matemático. A exatidão dos números deve ser substituída pela precisão das palavras. Assim, além da relevância da pesquisa, das ideias e dos argumentos, a formulação nítida e concisa dos títulos de todas as partes é de suma importância. Deve buscar-se as palavras certas para qualificar as ideias.

Como se constatou, toda a preparação obedece a uma teoria de desconstrução. O assunto estudado é dissecado e pormenorizado nos detalhes, o uso de cada argumento é profundamente sondado para ver como será utilizado na tese. Utilizando uma alegoria teatral, a preparação do trabalho é tudo o que se passa fora do palco; isto posto, começar a escrever significa levantar as cortinas e apresentar um trabalho já pronto e consolidado. Em outras palavras, no presente método, não há espaço para a improvisação ou para o *discovery writing* – isto é, descobrindo os argumentos ao escrever. O autor deve conhecer e dominar todos os seus argumentos antes de começar a escrever. Isso torna a escrita muito mais fácil, clara, rápida e eficiente. Ao chegar na seção 1 do primeiro capítulo, já se sabe por que essa seção existe e qual é a sua utilidade, a sua contribuição e o seu objeto. A estrutura do trabalho é assim pensada para evitar redundâncias e para maximizar a fluidez.

Esse método sintético pode agora ser ilustrado com alguns exemplos.

(ii) Utilizando o método sintético na construção do sumário de um trabalho jurídico.

Serão utilizados como exemplo os assuntos mencionados na parte sobre a formulação da problemática. O primeiro era "Devemos sempre respeitar as leis?". A problemática escolhida foi: *Em quais circunstâncias o respeito das leis pode ser ultrapassado?* As ideias – a título de exemplo – que decorrem da pesquisa e que tratam da problemática são estas:

1. Teoricamente, há um respeito às leis, pois elas decorrem da vontade do povo.
2. O respeito é necessário para manter a ordem social.
3. A desobediência civil pode ser aceita quando as leis têm um caráter hediondo.
4. Na desobediência civil a moralidade prevalece sobre a legalidade.

Dessas ideias é possível defender a posição de que, embora o respeito às leis seja o princípio, uma desobediência pode, em certos casos, ser tolerada – o que revela a argumentação principal de um eventual trabalho sobre esse assunto que terá, logo, como grandes eixos:

1. As expectativas do respeito às leis em princípio.
2. A aceitação de uma desobediência civil como exceção.

São os dois grandes pontos que sintetizam as ideias principais. Nesse caso, o sumário final pode ser apresentado assim:

I. As expectativas do respeito das leis em princípio

A) O respeito das leis teoricamente esperado para celebrar a vontade do povo.

B) Um respeito necessário para manter a ordem social.

II. A aceitação de uma desobediência civil como exceção

A) A aceitação da desobediência civil frente às leis hediondas.

B) A prevalência da moralidade sobre a legalidade na desobediência civil.

Como com os números – na lógica matemática –, ao se perguntar "Por quê?" depois de cada capítulo principal, as respostas devem surgir de forma aparente após a leitura dos subitens. Por exemplo, se perguntamos por que há expectativas de um respeito das leis em princípio, as respostas devem se encontrar no A e no B da primeira parte, isto é, as leis são respeitadas em princípio porque decorrem da vontade do povo (A), o que permite manter uma ordem social (B). A + B devem ser iguais a I. Da mesma forma, I + II devem responder à problemática. Um leitor pode não concordar com a problemática ou com os argumentos, mas ele não poderá contestar o método de estruturação e a organização do raciocínio e da argumentação.

Um outro tema pode ser utilizado a título de ilustração, aquele do *soft law*, cuja problemática era: *o* soft law *deve ser sistematicamente descartado dos estudos jurídicos em razão do seu valor não vinculante?* Assim como o assunto precedente, a pesquisa pode fornecer algumas pistas de reflexão para se pensar a organização do trabalho:

1. A própria formação do *soft law* revela o seu valor jurídico duvidoso.
2. O valor jurídico duvidoso se confirma, pois a violação do *soft law* é juridicamente questionável.
3. O *soft law* pode ter, no entanto, uma utilidade na construção do direito positivo.
4. O *soft law* pode ser e é efetivamente usado pelos tribunais ao interpretar textos jurídicos.

Portanto, a tese a ser demonstrada pode ser sintetizada assim:

I. O valor jurídico duvidoso do *soft law*
II. O valor jurídico perfectível do *soft law*

A ideia será afirmar que, embora o valor jurídico do *soft law* seja duvidoso, ele não deixa de ser perfectível – e o próprio direito pode ajudar nesse sentido. Posto isto, o sumário terá a seguinte apresentação:

I. O valor jurídico duvidoso do soft law

A) O valor jurídico duvidoso por razões formais: a formação do *soft law.*

B) O ceticismo confirmado por razões substanciais: a dúvida sobre a violação do *soft law.*

II. O valor jurídico perfectível do soft law

A) A utilidade do *soft law* na construção do direito positivo.

B) O uso do *soft law* na interpretação dos tribunais.

Essa técnica de raciocinar aplica-se também aos trabalhos mais gerais que requerem uma resposta argumentativa. Por exemplo, para formular uma argumentação à questão "A que serve um método nos trabalhos jurídicos?", é possível propor uma resposta cristalizada no seguinte sumário:

I. O uso de um método para construir uma demonstração lógica

A) A utilidade do método de pesquisa na preparação da demonstração.

B) A utilidade de um método no ordenamento dos argumentos.

II. O uso de um método verificado na construção da argumentação

A) Um método como coadjuvante de uma argumentação efetiva: uma solução aos trabalhos descritivos.

B) Um método como chave para um trabalho personalizado pela originalidade da argumentação.

Mais uma vez, todas as partes e subpartes abordam diretamente o assunto, e a resposta (o posicionamento) do autor se entende lendo apenas o sumário.

Os sumários elaborados aqui para aplicar e para explicar o método tiveram todos: duas partes e duas subpartes, e isso apenas para apresentar a lógica da argumentação de uma forma simples e pedagógica. Ora, a mesma lógica é obviamente aplicável à construção de todos os tipos de sumário – para artigos, monografias, dissertações ou teses –, não obstante o número de partes e de capítulos. O mais importante é que tenham um fio condutor claro entre si.

Todo esse trabalho – de desconstrução e de reconstrução – ocorre a montante da fase escrita. É um processo de consolidação preliminar do pensamento, da forma de argumentar; tudo se constrói pedra por pedra, tendo os leitores como alvo, e daí implanta-se o processo de convencimento. Quando toda essa parte preparativa fundamental está completa, a parte escrita se torna mais fácil. Entrementes, alguns passos metodológicos devem necessariamente ser mantidos nessa fase.

II. A fase escrita

Na fase anterior, todos argumentos já foram selecionados, organizados e ordenados. Para escrever, basta seguir a ordem já determinada no sumário. É importante ser o mais direto possível e evitar alimentar um suspense ao escrever: um trabalho jurídico não é um romance ou uma novela. O uso de algumas técnicas pode ajudar nesta fase escrita, seja na introdução (A), seja na redação do corpo do texto, no qual o método da conclusão será também mencionado (B).

A) *O método da redação da introdução*

A introdução é o primeiro contato entre o autor e o leitor. É, normalmente, por aqui que começa a leitura. Portanto, é dali que o leitor começa a construir a sua impressão do texto com o acesso aos seguintes elementos: o teor da pesquisa, o domínio do assunto, o método, a nitidez das ideias, a argumentação, o estilo, a capacidade de pensar como um jurista, o entendimento de um problema jurídico, a sua problematização. Contudo, é uma parte do trabalho frequentemente negligenciada. O valor da introdução é, nesse caso, completamente descartado (i) conquanto a construção de uma introdução deve seguir um passo a passo rigoroso (ii).

(i) O papel da introdução frequentemente negligenciado

Em muitos trabalhos, a introdução se reveste de um valor mormente protocolar e decorativo. Parece que existe porque é assim que se começam todos os trabalhos. Todavia, muitas introduções não informam claramente qual é o objeto do trabalho. Às vezes, aparecem como meros resumos dos capítulos principais do texto. Cada parágrafo da introdução se limita apenas a descrever o que seguirá doravante, como uma *mise en bouche*... Às vezes o número de páginas dedicado à introdução é revelador por ser desproporcional ao tamanho geral do trabalho.

A introdução não é um resumo: é o espaço no qual se explica ao leitor a escolha do assunto: é a parte do trabalho na qual o autor deve contextualizar o assunto, problematizar, justificar a sua problemática, mostrar a utilidade e a originalidade da perspectiva por ele elencada; é o espaço que deve ser explorado para definir os conceitos chaves e úteis para lidar com o assunto. Outrossim, a introdução serve para delimitar o trabalho e, assim, para oferecer um ângulo de estudo ao leitor, explicando-lhe como contribui aos estudos sobre o tema. Por ser no início do trabalho, ela não deixa de ser uma demonstração nos trilhos argumentativos. Na realidade, é justamente o ponto cardinal da argumentação e da demonstração. A introdução é um trampolim para entender o resto do texto. É um tipo de contrato que se firma com o leitor.

Dito isto, é possível verificar em muitos trabalhos que esses elementos incandescentes que caracterizam uma tese e atraem a atenção ao apontar ao interesse do assunto são ausentes das introduções – se não for do texto em geral[6]. Muitas dissertações, teses ou artigos jurídicos pecam por não conter uma contextualização do tópico, um levantamento das grandes questões ligadas a este, uma delimitação justificada do trabalho, uma definição jurídica dos conceitos-chave, um processo de problematização ou uma problemática. Tudo isso prejudica a tese, pois fragiliza a essência e o sentido dessa palavra. Às vezes esses diferentes elementos são contidos nos trabalhos, mas apenas como capítulos específicos; ou seja, os capítulos que devem servir para desenvolver os argumentos são utilizados para descrever pontos que caberiam melhor na introdução. Consequentemente, isso deixa pouco espaço, no resto do trabalho, para examinar profunda e tecnicamente os argumentos.

A utilização de um método silogístico pode ajudar a outorgar à introdução o valor que ela merece e o papel que ela tem intrinsecamente.

(ii) A construção silogística da introdução

Depois de ter apresentado as ferramentas para entender esse método silogístico (1) dever-se-á apontar uma singularidade da estrutura que terá a introdução (2).

---

6 VARELLA DIAS, Marcelo; MONEBHURRUN, Nitish. O que é uma boa tese de doutorado em Direito? Uma análise a partir da própria percepção dos programas. *Revista Brasileira de Políticas Públicas*. v. 3, n. 2, 2013, p. 431-436.

(1) As ferramentas do método silogístico

No espírito da construção silogística, todos os parágrafos, todos os segmentos da introdução são conectados: cada parágrafo da introdução – ou cada parte da introdução – é o resultado do parágrafo anterior. O ordenamento da introdução segue uma lógica específica e construída para chegar à problemática (que não deve aparecer ao leitor como uma surpresa, saindo do nada). Ao menos nove (9) passos devem ser seguidos para se aplicar o presente método: a partir de uma contextualização geral, (1.1) os conceitos chaves devem ser definidos (1.2) para chegar a uma contextualização mais específica (1.3); isso permitirá delimitar o trabalho e começar o processo de problematização (1.4) do qual decorrerá a problemática (1.5); esta deve, em seguida, ser explicada (1.6); a sua originalidade e a sua utilidade devem ambas ser ressaltadas (1.7); da mesma forma, eventuais métodos específicos utilizados devem ser frisados (1.8); finalmente, a relação entre essa problemática e os argumentos da tese – que se encontram no sumário – deve ser justificada (1.9).

Perceber-se-á que a introdução se ergue como um funil, filtrando a demonstração do mais geral ao mais específico. Constatar-se-á também que todos os elementos utilizados para a introdução são os que já foram encontrados, definidos e delimitados na fase preparatória preliminar.

(1.1) Primeiro Passo: contextualização geral

A contextualização geral significa explicar ao leitor por que e como o assunto examinado suscitou o interesse do autor. Explica-se de onde parte a inquietação. Pode ser, por exemplo, uma mudança no ordenamento jurídico decorrente da adoção de uma nova lei ou de uma nova decisão. Sempre há – ou ao menos, deve haver – um elemento impulsionador de um trabalho jurídico. Uma tese não nasce *ex nihilo*. Portanto, é esse elemento propulsor de interesse que pode ser utilizado para começar a escrever e para oferecer uma contextualização geral. Desde já o leitor dever ser levado a compartilhar o interesse original do autor.

Depois da contextualização geral, tornar-se relevante tratar as definições dos conceitos-chave.

(1.2) Segundo passo: a definição dos conceitos-chave

Na fase preparatória sobre a pesquisa, todas as palavras e todos os conceitos-chave para examinar o assunto já foram definidos. As definições devem aparecer no início do trabalho: é metodologicamente rigoroso definir o objeto do estudo antes de começar a análise. A construção de um trabalho não pode começar seriamente se a base não for sólida. Como mencionado acima, deve haver uma gradação nas fontes para definir as palavras-chave: das fontes mais objetivas (lei, Constituição, tratados...) às mais subjetivas (a doutrina). É o espaço para resolver e esclarecer todos os equívocos, explicando pedagogicamente o sentido real de uma palavra, de um conceito, justificando, por exemplo, porque uma definição foi escolhida e não uma outra – e colocando, *in fine*, as definições em relação com o assunto. Daí, pode haver uma contextualização específica do assunto.

(1.3) Terceiro Passo: uma contextualização específica

A cada passo há uma especificação do assunto – na lógica do filtro. Contextualizar especificamente implica já iniciar o processo de delimitação do assunto, isto é, o corte do trabalho, a centralização do foco. Essa parte pode assim ser reservada para a contextualização histórica (1.3.1), para contextualizar os grandes debates sobre o assunto (1.3.2) e para, eventualmente, contextualizar a abordagem da questão em relação às outras ciências (sociais) se e quando for necessário (1.3.3).

(1.3.1) A contextualização histórica

É sempre importante relacionar o texto ao contexto. Todavia, essa ligação deve ser explicada e justificada. No presente método utiliza-se a introdução para tanto. Como foi mencionado na primeira parte, não há necessidade de um primeiro capítulo histórico, mesmo que essa possibilidade não seja por princípio excluída, pois há assuntos específicos que demandam uma parte histórica. Contudo, não é o caso para a maioria dos trabalhos. É importante lembrar que o jurista não é um historiador e não possui as competências técnicas para atuar como tal e para fornecer um estudo completo sobre a história de uma determinada questão. No entanto, o jurista pode apresentar de uma forma resumida uma evolução histórica do assunto com o objetivo de contextualizar a problemática e de delimitar o seu trabalho. O objetivo aqui é explicar ao leitor como uma questão costumava ser tratada historicamente e por que as circunstâncias atuais justificam uma outra abordagem ou uma outra perspectiva. Será, por exemplo, mostrar como um determinado problema jurídico recebeu recentemente um tratamento jurídico diferente em comparação com a sua abordagem clássica, seja pelos tribunais, seja pela doutrina. Para que a contextualização histórica seja relevante e pertinente ao trabalho importa colocá-la em relação com o tema, explicando como ela permite entender melhor o caminho que se traça até a problemática. Proceder dessa forma evita utilizar o contexto histórico de uma forma mormente protocolar, sem fundamentos, sem necessidade. Mostra-se assim que a construçao do trabalho foi devidamente pensada e que a inclusão de todas as partes da introdução foi minuciosamente calculada, sempre com o objetivo de permitir que o leitor entenda imediatamente o raciocínio. Seguindo a mesma lógica, podem ser apresentados os grandes debates que existem sobre o assunto.

(1.3.2) A contextualização dos grandes debates sobre o assunto

É útil saber em qual dialética ou controvérsia doutrinal inscreve-se o tema. Apontar a existência de um debate, seja doutrinal seja jurisprudencial permite ao aluno se posicionar em relação a este com base em seus próprios argumentos. Posicionar-se no debate permite ao pesquisador já indicar a sua opinião fundamentada. É também uma forma para começar a delimitar o tema. Apresentar uma controvérsia existente ajuda na problematização e permite traçar o raciocínio que justificará doravante a sua problemática. Nesse sentido, não se faz apenas uma compilação da doutrina sobre o assunto, mas explica-se como o pesquisador se posicionará em relação ao que já foi publicado. É nesse mesmo sentido que a referência às outras ciências (sociais) na introdução permite uma melhor contextualização e uma melhor delimitação do tema ao informar o leitor como a perspectiva jurídica demarcar-se-á de estudos econômicos, sociológicos, políticos, etc.

(1.3.3) A contextualização ao referir-se às outras ciências sociais

Para o leitor, é, em alguns casos, interessante saber o valor agregado da ciência jurídica no tratamento de uma questão específica. É útil explicar a contribuição do direito na resolução ou no esclarecimento de um problema específico da sociedade por exemplo. Dessa forma, a contribuição jurídica pode ser comparada com aquelas das outras ciências sociais de modo a destacar a função do direito frente ao tema. Será, ao mesmo tempo, uma forma de justificar a relevância da pesquisa jurídica feita. É apenas a título ilustrativo que a referência deve ser feita a essas ciências: referir-se aos outros âmbitos das ciências sociais vale unicamente se o objetivo da comparação for de explicar melhor a perspectiva jurídica. Não deve ser esquecido que se trata de um estudo jurídico e que o autor é sobretudo um jurista. Para tanto, eventuais conhecimentos dessas outras ciências podem ser utilizados pontualmente apenas para afiar a contextualização da pesquisa – desde que o jurista não pretenda ser sociólogo, economista, antropólogo, etc.

Com a contextualização específica, o recorte do trabalho começa a ser esboçado. O leitor deve ser mantido na linha do fio condutor, e nesse momento se torna conveniente explicar-lhe a delimitação do texto. A delimitação deve decorrer da contextualização para alcançar uma fluidez entre as diferentes partes da introdução.

(1.4) Quarto Passo: a delimitação do trabalho

Delimitar significa desenhar e justificar a linha de separação entre o que entrará no âmbito do estudo e o que será intencionalmente excluído. Quando não se escreve um manual, não se espera que o autor trate do assunto de uma forma exaustiva, apontando todos os detalhes, explorando todos os aspectos do debate, esgotando todas as problemáticas. Ao delimitar o assunto, o autor explica, destarte, quais elementos entraram na circunferência do trabalho – e por quê. No cruzamento das possibilidades para analisar uma questão, ele roça o terreno para mostrar o caminho que escolherá, justificando devidamente essa escolha. A delimitação irá reforçar o interesse do trabalho, e do leitor que deve sempre – ao longo do texto – ser incitado a querer avançar na leitura. Na ponta do caminho escolhido deve ser encontrada a problemática: esta deve ser uma consequência lógica não apenas da delimitação, mas também da contextualização geral e específica.

(1.5) Quinto Passo: a problemática

A problemática que já foi encontrada e delimitada na fase preparatória deve ser encaixada nessa fase da introdução. Ela deve ser logicamente conectada aos parágrafos anteriores da introdução e aos que seguirão. A problemática – cuja definição e cuja explicação encontram-se *supra* – é, ao mesmo tempo, a cristalização da pesquisa e a pedra angular da demonstração. O resto do trabalho terá a pretensão de resolvê-la. Tudo o que será explicado doravante, todas as ideias e todos os argumentos utilizados devem obrigatoriamente ter a problemática na pontaria. Dessa maneira, assegura-se que haverá uma análise, um estudo pensado, e não uma exposição de ideias ou uma descrição. Depois da sua apresentação a problemática pode ser – tecnicamente – explicada.

(1.6) Sexto Passo: a explicação da problemática

Este passo não é obrigatório e depende da complexidade da problemática. Em alguns casos, a problemática merece uma explicação mais detalhada por ela ser demasiadamente técnica. Um pequeno parágrafo pode, portanto, ser dedicado especificamente para esse propósito com o mesmo objetivo de guiar o leitor e de estar atento às suas expectativas. Explicar a problemática não significa repeti-la, mas apenas simplificar, ilustrar e demonstrar a sua tecnicidade. Para os assuntos muito técnicos é uma etapa útil antes de abordar a questão da originalidade do trabalho e da sua problemática.

(1.7) Sétimo Passo: salientar a originalidade do trabalho

Trabalhos como teses, dissertações ou artigos e mesmo monografias devem buscar contribuir com os estudos sobre o tema que está sendo analisado. É o próprio da pesquisa buscar essa contribuição. O aluno deve explicar a originalidade da sua problemática, enfatizando o que ela contém e traz de novo e de diferente, como ela se destaca do que já foi escrito e por que merece uma leitura. Não é difícil encontrar essa justificativa considerando que segundo o presente método a problemática se escolhe justamente em função da sua novidade e originalidade: é um trabalho já pensado a montante que deve agora, a jusante, apenas ser revelado ao leitor. Basta, então, apresentar a singularidade do trabalho antes de explicar eventualmente quais métodos serão aplicados.

(1.8) Oitavo Passo: frisando eventuais métodos utilizados

Normalmente é sensato mencionar o método que conduzirá o trabalho depois de ter exposto a problemática. O tipo de método pode variar em função do trabalho. O método pode, por exemplo, ser indutivo: nesse caso, o estudo parte da observação da realidade (de casos) para chegar ao resultado; parte-se aqui do específico ao geral. O método pode ser dedutivo, que se inicia de um postulado geral a ser testado em casos específicos aplicando um silogismo[7]. Ambos os métodos podem também se coadunar a uma proposta qualitativa pela qual se parte da interpretação decorrente da observação para categorizar os insumos da pesquisa, para mostrar tendências ou padrões. Se o aluno tiver como objetivo fazer uma pesquisa multidisciplinar, ele deve mostrar que possui todas as ferramentas e as técnicas para mesclar as diferentes ciências. Neste caso, o método da multidisciplinaridade deve ser explicado e justificado. Num estudo que pretende tratar juntamente o di-

7 MEZZAROBA, Orides; MONTEIRO SERVILHA, Cláudia. *Manual de Metodologia da Pesquisa no Direito*. 8. ed. São Paulo: Saraiva, 2019, p. 84-90.

reito e a economia, por exemplo, precisa-se explicar com quais ferramentas será feita a análise econômica do Direito. O mesmo princípio se aplica em caso de análise sociológica (ou outra) do Direito. Reitera-se, contudo, o cuidado que o pesquisador deve ter com estudos multidisciplinares, sobretudo quando ele não é um especialista de uma das disciplinas que pretende incorporar no trabalho. Finalmente, após esse passo, a problemática pode ser relacionada aos argumentos que serão defendidos na tese.

(1.9) Nono Passo: a justificativa entre a problemática e os argumentos defendidos na tese

Este passo serve, na realidade, para informar qual é a tese (resposta à problemática) e também para introduzir os capítulos principais do trabalho, pois estes contêm a argumentação principal da tese. O leitor deve saber que para uma determinada problemática existem determinados argumentos. Logo, precisa-se explicar qual será a tese defendida e quais serão os argumentos utilizados para tanto. Como esses argumentos foram distribuídos ao longo do sumário, o objetivo é terminar a introdução anunciando como os diferentes capítulos se coadunam para sustentar a tese. É tanto importante apresentar esses argumentos quanto explicar como eles se conjugam de forma a sustentar a tese. Desta forma, a última parte da introdução serve de ponte com o resto do trabalho. Em outras palavras, a introdução se encerra com uma ponte que estabelece a conexão com os outros capítulos do texto.

A título de ilustração, o mesmo assunto do *Soft law* pode ser utilizado. A problemática encontrada era: *o* soft law *deve ser sistematicamente descartado dos estudos jurídicos em razão do seu valor não vinculante?* Lembre-se que os dois grandes argumentos (capítulos) para examinar a problemática e para trazer elementos de respostas são: **I.** *O valor jurídico duvidoso do* soft law. **II.** *O valor jurídico aperfeiçoável do* soft law. No caso de um trabalho sobre o *soft law*, o último parágrafo da introdução pode ser formulado da seguinte forma:

Mesmo que o valor jurídico do soft law *seja* a priori *duvidoso (Capítulo I), a prática revela que ele não deixa de ser aperfeiçoável (Capítulo II).*

Desse ponto em diante, o trabalho pode seguir com a escrita do primeiro capítulo. Outra forma de terminar a introdução – depois desse parágrafo que serve de ponte consiste em fazer pequenos resumos de cada capítulo. Antes de examinar como se organiza a construção do resto do texto, uma especificidade desse método para elaborar a introdução deve ser explicada: é relativo ao marco teórico.

(2) Uma singularidade do método para construir a introdução

Um elemento, presente em muitos casos na introdução, não foi mencionado acima: o marco teórico. A razão é simples: não há sempre e necessariamente **UM** marco teórico. O método apresentado privilegia o pensamento do autor, as suas opiniões, os seus argumentos defendidos no trabalho todo –, ou seja, a sua capacidade de raciocínio por si mesmo. Portanto, não há necessariamente **um** norte, **um** marco teórico que determinará a montante segundo qual escola se deve pensar. Não terá um autor que agirá como muleta ou como um argumento de autoridade para sustentar a tese. Não que esteja errado ter um marco teórico num trabalho: é só que o método proposto aqui segue uma lógica diferente, sem ser melhor ou pior. Incentiva-se a construção da reflexão pessoal ao dialogar, por óbvio, com outros autores, com outros marcos sem se concentrar apenas em um.

A doutrina e as diversas teorias relevantes devem seguramente ser utilizadas e citadas. Na etapa preparatória, a doutrina foi mencionada como uma fonte para a pesquisa. Contudo, o aluno não deve se limitar a apenas citar e compilar os livros e artigos. A doutrina é um dos insumos que auxilia a calibrar a reflexão, porém, para tanto, precisa-se ter uma certa distância crítica para desenvolver o reflexo de não apenas repeti-la. Deve haver ao mesmo tempo um uso completo e minucioso da doutrina e, no entanto, uma distância em relação a ela. Em outras palavras, o aluno não tem um guia principal ou um *guru* na pessoa de um marco teórico. Ele é independente. Todo o trabalho deve refletir o seu pensamento e a sua posição; ele deve entender e respeitar as teorias doutrinais, mas sem permitir que estas últimas pensem no lugar dele. Assim, o método exposto busca realmente valorizar o pensamento pessoal do autor.

Com a introdução pronta, é agora possível iniciar a redação do resto do trabalho que obedece também a uma forma específica.

B) Método para a redação do corpo do texto

Duas partes serão examinadas aqui: o método para unir as partes que contêm a argumentação principal (i) e a conclusão (ii).

(i) O método para unir as partes que contêm a linha de argumentação

Como o sumário já foi elaborado, já se sabe o conteúdo de cada capítulo e de cada subitem. A construção geral da argumentação já foi feita, a relação entre cada argumento já foi encontrada. O roteiro geral está pronto e o campo já foi devidamente balizado para que possa iniciar-se a fase da escrita do texto.

A técnica escrita que busca o convencimento máximo embasa-se na mesma lógica matemática de ligar claramente todos os componentes da argumentação. Por isso, as diversas partes do trabalho – capítulos, seções, subitens etc. –, devem ser interconectadas. Para tanto usar-se-á a técnica dos parágrafos introdutórios e de transição.

Os parágrafos introdutórios podem ser utilizados entre uma parte específica do trabalho e as suas subdivisões: por exemplo, entre um capítulo e as suas seções; entre uma seção e as suas subseções etc. Para ilustrar, se o capítulo 1 tem três seções, há ao menos duas formas de escrever.

A primeira forma:

Capítulo 1: --------------------------------
Seção 1: -----------------------------------

Nesse caso, a primeira seção começará imediatamente após o capítulo 1, sem nada, sem nenhum texto específico, entre eles. No método aqui proposto, há um passo preliminar: explica-se a relação entre o capítulo 1 e os seus subitens. Esclarece-se por que o capítulo 1 contém três subitens e como as ideias apresentadas e defendidas em cada seção completam a ideia geral do capítulo. Dessa forma, garante-se a pertinência de todos os subitens e evita-se qualquer digressão. Formalmente, essa ligação se faz com um parágrafo introdutório depois do capítulo. Esse parágrafo não é um resumo dos subitens. A explicação pode ser ilustrada com alguns exemplos.

O primeiro exemplo é relativo ao assunto já utilizado: *Devemos sempre respeitar as leis*? A primeira parte da argumentação (do sumário) para tratar essa questão era:

*I. **As expectativas do respeito das leis em princípio***

A) Um respeito das leis teoricamente lógico para celebrar a vontade do povo.

B) Um respeito necessário para manter a ordem social.

Segundo o método de estruturação proposto, a apresentação pode ser feita da seguinte forma:

*I. **As expectativas do respeito das leis em princípio***

O respeito das leis é lógico sob a perspectiva da teoria jurídica considerando que as leis são oriundas da vontade do povo (A) considerando que elas visam a manutenção da ordem social que se encontra igualmente em adequação com a vontade popular (B).

A) Um respeito das leis teoricamente lógico para celebrar a vontade do povo.

B) Um respeito necessário para manter a ordem social.

Antes de abordar as partes A e B, explica-se a relação que elas têm entre si e como elas ilustram a ideia central do capítulo I. Isso é importante para o autor e, por conseguinte, para o leitor. Para o autor: ao proceder dessa maneira, ele avança com confiança na sua demonstração, pois ele sabe exatamente todas as conexões que formam o seu raciocínio e ele sabe em qual direção está indo o trabalho; a experiência mostra que essa técnica torna a escrita mais eficiente. Para o leitor: o texto se torna obviamente mais claro e mais acessível, pois consegue acompanhar, o fio condutor da argumentação que se revela naturalmente e sem esforço a ele.

O tema *´soft law´* foi um outro exemplo utilizado *supra*. A primeira parte do trabalho tinha essa forma:

*I. **O valor jurídico duvidoso do** **soft law***

A) O valor jurídico duvidoso por razões formais: a formação do soft law.

B) *O ceticismo confirmado por razões substanciais: a dúvida sobre a violação do* soft law.

Ao aplicar o presente método de estruturação, este primeiro capítulo começaria assim:

***I. O valor jurídico duvidoso do* soft law**

O soft law *tem um valor jurídico duvidoso considerando apenas a sua própria elaboração que foge dos princípios clássicos da formação do direito (A), o que levanta a questão da possibilidade da violação do* soft law, *confirmando dessa forma o ceticismo inicial (B).*

A) *O valor jurídico duvidoso por razões formais: a formação do* soft law.

B) *O ceticismo confirmado por razões substanciais: a dúvida sobre a violação do* soft law.

Costura-se assim, por meio do parágrafo introdutório, a lógica entre as várias partes e subpartes. E da mesma maneira, ao terminar um subitem não se deve começar abruptamente o próximo subitem. É necessário ter uma conexão para explicar por que um subitem resulta naturalmente no próximo: chama-se de parágrafo de transição. Para resumir, todas as partes e subpartes do trabalho devem ser ligadas por parágrafos introdutórios ou por parágrafos de transição; ao terminar uma parte, é preciso introduzir aquela que segue:

I. ---------------------------

Parágrafo introdutório (introduzindo a relação entre A, B e C)

A) --------------------------

Parágrafo de transição (explicando a passagem do A ao B)
B) -------------------------
Parágrafo de transição (explicando a passagem do B ao C)
C) -------------------------
Parágrafo de transição (entre o I e o II)
II. --------------------------
Parágrafo introdutório (introduzindo a relação entre A, B e C)
A) -------------------------
Parágrafo de transição (explicando a passagem do A ao B)
B) -------------------------
Parágrafo de transição (explicando a passagem do B ao C)
C) -------------------------
Parágrafo de transição (entre o II e o III)
III. -------------------------
Parágrafo introdutório (introduzindo a relação entre A, B e C)
A) -------------------------
Parágrafo de transição (explicando a passagem do A ao B)
B) -------------------------
Parágrafo de transição (explicando a passagem do B ao C)
C) -------------------------

Posto isso, o método para apresentar a conclusão pode ser explicado.

(ii) O método para apresentar a conclusão

A conclusão não é um mero resumo do trabalho e tampouco é um espaço reservado para encaixar ideias e argumentos que surgiram *in extremis*. A forma da conclusão varia segundo o tipo de trabalho. A conclusão de uma dissertação ou de uma tese é diferente daquela de um artigo. Porém, se o conteúdo e o volume são diferentes, a razão de ser é a mesma: responder à problemática exposta na introdução. Deve-se explicar como toda a argumentação utilizada ao longo do texto permite chegar a determinado resultado. Para trabalhos maiores (teses, dissertações) não é inútil relembrar os argumentos principais: como se trata de trabalhos de muitas páginas, o leitor pode esquecer alguns detalhes ao chegar à conclusão final. Logo, um resumo dos diferentes capítulos é útil para esses trabalhos de grande porte. Depois do resumo, o mais importante é explicar os resultados da tese e as respostas cunhadas frente à problemática apresentada na introdução. Para os artigos, o resumo não é sempre útil, pois, dada a quantidade de páginas, as informações permanecem mais facilmente na mente do leitor. De qualquer forma, tanto para as teses, dissertações e monografias como para os artigos, o autor deve dar a sua opinião sobre os seus resultados: ele deve qualificar a sua análise confirmando assim o interesse, a utilidade e a originalidade do seu trabalho e das suas conclusões. A formulação da conclusão deve ser de tal forma que o leitor entenda facilmente por que – logicamente – determinados argumentos conduzem a determinados resultados considerando dada problemática. A conclusão é também o espaço para eventualmente antecipar futuras evoluções do assunto, do campo de estudo da tese e da problemática. À luz da tese defendida, o autor pode oferecer uma reflexão sobre as consequências que podem decorrer da sua tese futuramente. É uma forma de encerrar, de fechar o trabalho, abrindo novas perspectivas de estudo, de reflexão, de dúvidas e, talvez, de outras teses, mostrando assim a aplicabilidade futura dos resultados encontrados.

SEGUNDA PARTE

Método para o comentário de jurisprudência

Método para o comentário de decisão: surgem aqui três palavras-chave que permitem entender o objeto e o objetivo desse exercício. O comentário implica análise e contribuição crítica de uma decisão sob uma perspectiva jurídica; a decisão é o julgamento emana de um tribunal; o método embasa-se nas técnicas de raciocínio jurídico que permitem uma construção lógica e argumentativa cujo produto é a apreciação do pesquisador ao examinar o caso em questão. Em outras palavras, o comentário não é uma repetição ou um mero resumo do caso. Além disso, precisa-se estudar a decisão *per se* e não apenas ler um comentário da doutrina sobre a decisão como se faz às vezes. O método é justamente útil para estabelecer a linha de demarcação entre o que é e o que não é um comentário[1].

O interesse de um comentário de jurisprudência é entender se o jurista conseguiu identificar o problema jurídico de um caso para construir uma reflexão mais ampla que ressalte o interesse, a importância, a utilidade e a relevância

---

1 Ver geralmente: DE PALMA BONACORSI, Juliana; FERFERBAUM, Marina; PINHEIRO, Victor Marcel. Meu trabalho precisa de jurisprudência? Como posso utilizá-la? In: QUEIROZ RABELO MAFEI, Rafael; FEFERBAUM, Marina. *Metodologia da Pesquisa em Direito*: técnicas e abordagens para elaboração de monografias, dissertações e teses. 2. ed. São Paulo: Saraiva, 2021, p. 99 *et seq*.

da decisão em comparação com jurisprudência anterior. O objetivo não é apenas acadêmico, pois esse exercício permite – a todos os profissionais do direito – acompanhar a evolução jurisprudencial, entendê-la, contextualizá-la e, eventualmente, criticá-la quando for necessário. Por isso, ao fazer uma análise jurisprudencial, o aluno deve ter a certeza de que ele não está apenas repetindo ou reformulando comentários existentes, pois, nesse caso, o trabalho tem pouco interesse. Saber comentar a jurisprudência é, também, crucial para os que pretendem fazer uma monografia, uma dissertação ou uma tese. A jurisprudência expressa o espírito das leis, a interpretação judicial do direito aplicável. Nos trabalhos universitários há uma tendência de concentrar a jurisprudência em uma parte separada ou em um capítulo isolado; nesse caso, a jurisprudência não é utilizada ao longo do trabalho para apoiar a reflexão e para demonstrar a tese. Há um debate – por vezes abstrato – de princípios ou de doutrina antes que apareça a jurisprudência, em muitos casos no final do trabalho, como se as decisões não fossem fontes de interpretações fundamentais para o entendimento do direito. Trabalhos jurídicos convincentes utilizam a jurisprudência do início até o fim, obviamente quando relevante, para ilustrar a tese. Para tanto, devem ser dominadas algumas técnicas de análise de decisões na argumentação jurídica.

Ao menos quatro elementos são fundamentais ao analisar uma decisão: o problema jurídico submetido aos juízes ou árbitros, o raciocínio do tribunal ao resolver o problema, as conclusões do tribunal e, o valor e o sentido geral da decisão.

É preciso identificar cada elemento para iniciar uma análise da jurisprudência. O problema jurídico é a questão do direito que um tribunal deve examinar para solucionar um contencioso: é a pedra angular de toda disputa jurídica – e por conseguinte, do comentário jurisprudencial –, pois sem ela não existe um caso e tampouco uma decisão e, *a fortiori*, nada há para analisar. Tudo decorre do problema ou dos problemas jurídicos. O raciocínio jurídico do tribunal facilita a compreensão das técnicas hermenêuticas, dos princípios do direito e do silogismo utilizados para justificar a decisão. As conclusões, em si, situam o caso numa linha jurisprudencial, salientando se houve uma confirmação ou uma alteração da jurisprudência. O conjunto ilumina o valor e o sentido geral da decisão, isto é, os seus efeitos sobre a prática. Destrinchar uma decisão é trabalho metódico e minucioso.

Os trabalhos acadêmicos que incorporam a jurisprudência no seu bojo mostram, em alguns casos, dois tipos de erro: erro de distância e erro de fontes. No primeiro caso – erro de distância –, percebe-se uma tendência a parafrasear. Isto acontece quando a análise jurisprudencial se resume, na verdade, a uma descrição linear, parágrafo por parágrafo, argumento por argumento, da decisão na sua integralidade, reproduzindo assim o conteúdo do caso numa forma sintética sem que a opinião do aluno apareça. No segundo caso – erro de fontes –, o aluno sequer tem a decisão como fonte de trabalho, mas glosa sobre os glosadores da decisão, isto é, comenta os comentários doutrinários feitos sobre a jurisprudência. Nesse caso, a matéria primária, que é a decisão em si, não é encarada diretamente. Para evitar ambos os erros, é preciso explicar a lógica e a dinâmica de um dos métodos utilizáveis para comentar uma decisão.

Para tanto, a busca do problema jurídico do caso sob análise é o primeiro passo a ser concluído. É somente a partir desse ponto que se torna possível *problematizar* o problema jurídico encontrado, ou seja, elevá-lo ao âmbito de uma discussão técnica que vai além da decisão em si e que tem um interesse maior para a prática ou para a teoria do direito. Eis justamente o ato de comentar uma decisão. Esse processo contém uma fase preparatória obrigatória (CAPÍTULO 1) antes que se inicie a fase escrita (CAPÍTULO 2).

Capítulo 1 A fase preparatória

A fase preparatória serve para contextualizar o problema de direito (I), o qual inicia o processo da problematização (II).

I. A contextualização do problema jurídico

A contextualização da questão de direito submetida a um tribunal se faz pela leitura da decisão (A) e se entende pela sintetização do caso (B).

A. *A contextualização pela leitura do caso*

Ler o caso remete a um truísmo, porém é uma evidência que vale reiterar quando se trata de trabalhos referentes à jurisprudência. É preciso ler todo o caso pois é apenas assim que se tornam possíveis tanto a contextualização normativa (i) como a contextualização jurisprudencial (ii), instrumentos que permitem a análise de uma decisão.

(i) A contextualização normativa

Ao ler e estudar o caso, um dos passos *sine qua non* é identificar todas as normas e/ou princípios aplicáveis. Esse trabalho é relativamente fácil, considerando que o tribunal se refere a essas fontes na sua decisão. A contextualização normativa permite entender e localizar o ramo do direito relevante ao caso. Para compreender a argumentação das partes e do tribunal é preciso referir-se às fontes jurídicas utilizadas e lê-las com os olhos e a distância de um jurista. Estudar as normas aplicáveis independentemente da interpretação do tribunal é útil para saber se os juízes as interpretaram e aplicaram corretamente: é uma forma de preparar eventuais críticas frente à decisão do tribunal. O mesmo método de distanciamento e de contextualização se aplica à jurisprudência.

(ii) A contextualização jurisprudencial

É raro estudar um caso no qual o tribunal não se refere às decisões anteriores – notadamente em Direito Internacional. Normalmente as partes – requerentes e réus – utilizam a jurisprudência nas suas petições e nos seus argumentos. O tribunal é assim levado a examiná-la. Quando a jurisprudência é citada e utilizada pelo tribunal ao construir as suas conclusões, esse material entra no raio de atratividade da análise jurisprudencial. É preciso conhecer os casos anteriores referentes ao mesmo problema jurídico e entender qual foi a posição dos outros tribunais sobre este. Essa contextualização jurisprudencial fornece um insumo útil para a análise crítica. No mesmo sentido, se houver, pode ser interessante pesquisar casos posteriores similares e disponíveis para fazer um trabalho comparativo. O objetivo é situar a decisão numa linha jurisprudencial para delimitar a sua contribuição. O processo da contextualização facilita depois a sintetização do caso.

B. *A contextualização pela sintetização do caso*

A sintetização pode ser entendida como um fichamento inteligente do caso: isto é, elaborar uma fotografia do caso em uma lauda. No direito internacional, por exemplo, as decisões são normalmente extensas e o método da sintetização é útil para localizar facilmente as informações vitais. Veremos *infra* que o fichamento tornar-se-á útil para a parte escrita do comentário. Ter o costume de sintetizar casos permite obter, a longo prazo, um banco de dados jurisprudenciais práticos e acessíveis. O fichamento pode seguir a forma seguinte:

(a) Nome do tribunal
(b) Data
(c) Nome das partes à disputa: requerente/réu
(d) Os fatos
(e) O processo (por exemplo: o processo do esgotamento das vias de recursos internos para um caso da Corte Interamericana de Direitos Humanos)
(f) Os argumentos das partes
(g) O problema jurídico
(h) A conclusão e o *ratio decidendi* do Tribunal

Entender esse esqueleto de uma decisão é uma fase obrigatória para poder problematizar o caso e analisá-lo.

II. A problematização do problema jurídico

Há uma diferença entre problemática e problema jurídico. Como supramencionado, o problema jurídico é aquele em razão do qual decorre a disputa entre duas partes: é a questão jurídica submetida a um tribunal. A problemática, de forma geral, é a perspectiva ou o ângulo escolhido por um pesquisador para examinar um assunto específico, seja num artigo, numa dissertação ou numa tese. Ela é a grande pergunta de um trabalho acadêmico e serve de base para a construção de uma reflexão técnica e complexa.

A mesma lógica se aplica ao comentário de jurisprudência. O assunto a ser examinado nesse caso é justamente o problema jurídico (a questão jurídica) que decorre de uma decisão. Com base nesse problema, formula-se uma problemática para embasar o comentário. É a perspectiva (jurídica) sob a qual o autor decide estudar o problema jurídico, analisá-lo, comentá-lo e eventualmente criticá-lo. Por essa razão, o processo de problematização é fundamental para que o comentário seja realmente analítico e não descritivo. Proceder dessa forma facilita a originalidade de um trabalho. O comentário da jurisprudência é um trabalho que pode ser incorporado às monografias, dissertações e teses como também ser o objeto de um artigo.

A originalidade de um comentário se define claramente após a leitura de outros comentários doutrinários sobre um caso específico. Contudo, a leitura da doutrina deve acontecer apenas após todo o processo acima descrito. A razão para isto é simples: é preciso ler o caso com a mente *pura* para formular e ter a própria opinião independente sobre a decisão. Referir-se à doutrina antes de ter lido a decisão pode implicar uma leitura *a posteriori* com preconceitos, pois a posição doutrinária é subjetiva. Os comentários doutrinários são posteriormente úteis para ajudar o aluno situar o próprio posicionamento: concordante ou discordante. Se é óbvio que a doutrina deve ser estudada, utilizada e citada no comentário, no texto escrito, na fase preparatória de pesquisa, o reflexo de consultar a doutrina deve ser hierarquicamente secundário.

Com esse processo de pesquisa – a decisão em si, as normas aplicáveis, a jurisprudência, o problema jurídico, a problemática e a doutrina – torna-se possível confirmar e delimitar uma reflexão sobre a decisão. Pode-se afirmar criticamente o que se pensa sobre a decisão. A essa altura, o aluno já sabe que direcionamento adotará para analisar determinada decisão e pode, então passar à fase escrita.

Capítulo 2 A fase escrita

A parte escrita concernente à análise jurisprudencial pode ter dois rumos. Primeiramente, o comentário da jurisprudência pode constar numa monografia, numa dissertação ou numa tese de doutorado. Nesse caso, a reflexão geral do aluno sobre a jurisprudência relevante ao tema será incorporada ao longo do texto. Com o trabalho elaborado na fase preparatória, será mais fácil utilizar a jurisprudência de maneira mais argumentativa em vez de apenas fazer relatos descritivos ou citações diretas de decisões. Em segundo lugar, a análise da decisão de determinado tribunal pode ser, em si, o objeto de um artigo. Nesse caso, todo o artigo concentrar-se-á no debate jurídico oriundo da decisão em questão. É nesse sentido que muitas revistas jurídicas reservam uma seção para os artigos que se limitam à análise jurisprudencial. O presente capítulo tratará dessa segunda categoria de trabalho acadêmico. Essa delimitação tem uma justificava simples: quem domina o método para concentrar a análise de uma decisão num artigo consegue incorporar uma reflexão sobre a jurisprudência em outros tipos de trabalho; quem pode mais pode menos. No âmbito de um artigo, o método de estruturação consiste em saber como elaborar a introdução (I) antes de examinar tecnicamente a problemática no resto do texto (II).

I. A apresentação da problemática na introdução

É preciso saber qual é o objetivo e o objeto da introdução de um artigo propondo uma análise de caso (**A**) antes de propor uma forma para apresentá-la (**B**).

A) O objetivo da introdução de um comentário do caso

O conteúdo da introdução já foi confeccionado na fase inicial: é o fichamento do caso a comentar e a problemática encontrada. Os elementos do fichamento[1] podem ser detalhados na introdução. O texto deve ser escrito de uma maneira lógica que relaciona e encaixa os fatos do caso às conclusões do tribunal passando pelos argumentos das partes, pelo processo e pelo problema jurídico. Isto permite uma contextualização a um leitor que não lê o caso ou que desconhece este. Cabe ao autor, nessa parte introdutória, resumir a decisão para o leitor de uma maneira inteligível: a sintetização se apresenta como um método eficiente por esses fins. Nesse ponto, é preciso lembrar que um jurista lendo um comentário de caso não espera apenas um resumo da decisão. Por isso, a apresentação sintética do caso deve conduzir à problemática que decorre do problema jurídico. O autor deve informar como ele problematizou a decisão e de qual perspectiva será conduzida a análise. Em outras palavras, o posicionamento subjetivo do autor deve sobressair depois da apresentação objetiva da decisão. A partir desse momento em diante, o trabalho adota a forma de um artigo, pois o comentário é nada mais que um artigo sobre um caso. A reflexão do autor sobre a decisão começa ao problematizar e ao apresentar a problemática. Em

1 Ver *supra* o capítulo 2, Parte I (B): A contextualização pela sintetização do caso.

geral, os elementos fatuais do caso não aparecem mais depois da introdução, a não ser que seja de forma pontual, a título de ilustração. O autor deve sempre ter em mente que o leitor quer acompanhar a sua demonstração por meio dos seus argumentos; ele não quer ler ou reler o caso. Por essa razão, o resto do comentário a desenvolver no corpo do trabalho deve ser uma análise. É possível pensar em uma introdução com várias formas. Apenas um modelo será apresentado a seguir.

B) A apresentação da introdução

Cada elemento que ajuda a construir a introdução de um comentário de decisão pode ser um parágrafo desta. Um modelo possível é o seguinte:

- Parágrafo 1: uma contextualização geral, por exemplo do ramo do direito no qual se situa o caso, e breves constatações das questões recentes ou recorrentes sobre o tema. Pode também informar sobre as consequências geradas por a decisão sob análise.
- Parágrafo 2: a apresentação fatual do caso com as partes e o tribunal. A parte processual pode ser apresentada nesse parágrafo também se não for muito grande ou em um outro parágrafo se for mais amplo e se os detalhes são úteis ao comentário da decisão.
- Parágrafo 3: os argumentos das partes.
- Parágrafo 4: o problema jurídico submetido ao tribunal.
- Parágrafo 5: as conclusões e *o ratio decidendi* do tribunal.
- Parágrafo 6: a problematização do problema jurídico e a apresentação da problemática a ser tratada. A problemática escolhida deve ser explicada e justificada, a sua relevância, utilidade e eventual originalidade devem ser apontadas para ressaltar o interesse do trabalho.

- Parágrafo 7: o posicionamento do autor frente à problemática escolhida
- Parágrafo 8: os argumentos que serão utilizados em cada capítulo do artigo para examinar a problemática ao sustentar o posicionamento do autor.

Esse último parágrafo estabelece a ponte, a ligação lógica entre a introdução e o corpo do comentário que busca aprofundar a análise.

II. O exame da problemática no corpo do comentário

Como num artigo, essa parte do trabalho se destina a uma análise jurídica com argumentos, técnicas e métodos jurídicos. Analisar um caso equipara-se a expressar a capacidade de extrair um problema jurídico de um caso específico para costurar em torno dele uma reflexão, colocando-o em relação com o ordenamento jurídico estudado. É um método indutivo: entender, explicar e analisar princípios de direito induzindo-os de um caso cujo papel é atuar como uma fonte de dados. Portanto, o comentário eleva o debate para além do caso e constitui uma opinião que certamente permite entender a decisão, mas que deve ser útil e utilizável de forma geral, para entender uma evolução, uma revolução, uma novidade, um *status quo*, um princípio nascente ou uma lacuna em um ramo do direito. É sob essa perspectiva que se espera um comentário.

O método de estruturação do artigo pode variar. É, por exemplo, possível comentar uma decisão sob a seguinte forma:

1. **Uma introdução geral** frisando e contextualizando o problema de direito submetido ao tribunal.

Proceder dessa forma implica não entrar diretamente no estudo do caso, mas permite preparar o leitor ao ressaltar os debates principais, a atualidade jurídica ou as inquietações gerais conectadas à decisão. O leitor entenderá assim o contexto geral da questão antes de ser apresentado ao caso contencioso.

2. **Uma apresentação do caso** que se aproxima do exercício já feito *supra* – salientando, em especial, o problema do direito e a problemática.
3. **A extração do teor e da contribuição do caso** para o ordenamento jurídico e para a prática (ou para a teoria) jurídica.

A apresentação do comentário depende também do tamanho do trabalho, mesmo que a lógica continue sendo a mesma. A título de ilustração, seguem *infra* dois comentários feitos pelo presente autor, ambos com tamanhos diferentes, pois as abordagens são distintas. Considerando que comentário de decisões não é um exercício frequente – em comparação com trabalhos sob o formato de artigos, teses, monografias ou dissertações –, esses dois exemplos servirão de ilustração das técnicas supramencionadas.

Modelos de comentário

Comentário n. 1 – O caso *Tatar c. Romênia*, Caso n. 67.021/2001, Corte Europeia de Direitos Humanos, Decisão (6-7-2009)[1] [Comentário extenso].

Introdução

A proteção dos direitos humanos e a do meio ambiente sempre foram intimamente imbricadas, mas essa relação foi destacada especialmente pela crescente preocupação com a proteção ambiental – ligada à expansão tentacular do desenvolvimento sustentável. Hoje em dia, um estudo completo sobre o direito do meio ambiente implica indubitavelmente uma referência aos direitos humanos. A prática demonstra cada vez mais que as problemáticas desses dois âmbitos estão interligadas[2]. Um estudo integrado dos direitos humanos e

1 Monebhurrun, Nitish, Tătar vs. Romênia (27 de janeiro de 2009), In.: RORIZ, João; DO AMARAL JR, Alberto. *O Direito Internacional em movimento*: Jurisprudência internacional comentada Tribunal Penal Internacional para a ex-Iugoslávia, Tribunal Penal Internacional, Corte Interamericana de Direitos Humanos e Corte Europeia de Direitos Humanos, Vol. II, Brasília: IBDC. 2020.

2 Por exemplo: *Review of Further Developments in Fields With Which the Sub--Commission Has Been Concerned – Human Rights and the Environment*. United Nations Commission on Human Rights. Final Report by Mrs Fatma Zohra Ksentini. Special Rapporteur, E/CN.4/Sub.2/1994/9 (6-6-1994), 40 p.; KNOX, John H. *Report of the Independent Expert on the Issue of Human Rights Obligations Relating to the Enjoyment of a Safe, Clean, Healthy and Sustainable*

do direito ambiental pode ser realizado seguindo ao menos dois métodos.

É, primeiramente, possível interrogar-se sobre a existência de um direito humano ambiental, isto é, o direito do ser humano a viver num meio ambiente sadio. Se essa preocupação não existia nos primeiros instrumentos relativos aos direitos humanos[3], ela foi incluída posteriormente em alguns tratados e Constituições nacionais[4]. Por exemplo, o art. 24 da Carta Africana sobre os Direitos do Homem e dos Povos dispõe: "Todos os povos têm direito a um meio ambiente geral satisfatório, propício ao seu desenvolvimento[5]". Um protocolo sobre os direitos das mulheres na África foi anexado a essa carta em 2003, e os arts. 18 e 19 afirmam o direito da mulher africana de viver em um meio ambiente saudável e sustentável[6]. Em

---

Environment. United Nations Human Rights Coucil, A/HRC/22/43 (24-12-2012), 19 p.; *2011 Office of the UN High Commission for Human Rights Study – Human Rights and Environment*. Stakeholder input by the Dutch Section of the International Commission of Jurists, jun. 2011, 43 p.

3 KNOX, John H. *Report of the Independent Expert on the Issue of Human Rights Obligations Relating to the Enjoyment of a Safe, Clean, Healthy and Sustainable Environment*. United Nations Human Rights Coucil, A/HRC/22/43 (24-12-2012), p. 4; MARTIN, Jean-Christophe; MALJEAN-DUBOIS, Sandrine. "La Cour européenne des droits de l'Homme et le droit à un environnement sain". In: PRADEL, Jean (org.). *Prévention des risqué et responsabilités pénale en matière de dommage environnemental:* une approche internationale, européenne et nationale. United Nations Institute for Training and Research, 2008, p. 37.

4 SHELTON, Dinah. "Human Rights and the Environment: What Specific Environmental Rights Have Been Recognized?". *Denver Journal of International Law and Policy*, v. 35, n. 1, 2006, p. 164-165.

5 Carta Africana sobre os Direitos do Homem e dos Povos (27-6-1981). Disponível em: https://www.achpr.org/pr_history. Acesso em 12 jul. 2022.

6 Protocolo sobre os Direitos das Mulheres em África (7-11-2003). Disponível em: https://www.achpr.org/pr_pressrelease/detail?id=315. Acesso em 12 jul. 2022.

outra região geográfica, foi adotado um Protocolo adicional à Convenção Americana sobre Direitos Humanos; este é relativo à matéria de direitos econômicos, sociais e culturais (O Protocolo de San Salvador) e o seu art. 11 salienta que "[t]oda pessoa tem direito a viver em meio ambiente sadio (...)[7]". Esse direito a um meio ambiente sadio encontra-se também, por exemplo, na Carta Árabe sobre os Direitos Humanos[8]. Para manter essa variação geográfica, a Declaração sobre os Direitos Humanos da Associação das Nações do Sudeste Asiático pode também ser mencionada por apontar a existência de um direito a um meio ambiente seguro, sadio e sustentável[9]. No âmbito do direito nacional, um estudo de 2011 sublinha que 79 Constituições contêm explicitamente um direito humano ambiental[10]. Basta, portanto, apenas citar como exemplo o art. 225 da Constituição brasileira, segundo o qual "[t]odos têm direito ao meio ambiente ecologicamente equilibrado, bem de uso comum do povo e essencial à sadia qualidade de vida, impondo-se ao Poder Público e à coletividade o dever de de-

7 Protocolo adicional à Convenção Americana sobre Direito Humanos em Matéria de Direitos Econômicos, Sociais e Culturais (17-11-1988), art. 11.

8 O art. 38 da Carta dispõe: "Every person has the right to an adequate standard of living for himself and his family, which ensures their well-being and a decent life, including food, clothing, housing, services and the right to a healthy environment. The States parties shall take the necessary measures commensurate with their resources to guarantee these rights". Disponível em: http://www1.umn.edu/humanrts/instree/loas2005.html. Acesso em: 12 jul. 2022.

9 Declaração sobre os Direitos Humanos da Associação das Nações do Sudeste Asiático, parágrafo 28(F) (18-11-2013). Disponível em: https://asean.org/asean-human-rights-declaration/. Acesso em: 12. jul. 2022.

10 *011 Office of the UN High Commission for Human Rights Study: Human Rights and Environment.* Stakeholder input by the Dutch Section of the International Commission of Jurists, jun. 2011, p. 25 (Anexo II). Também: SHELTON, Dinah. "Developing Substantive Environmental Rights". *Journal of Human Rights and the Environment,* v. 1, n. 1, 2010, p. 98.

fendê-lo e preservá-lo para as presentes e futuras gerações[11]". Nessa primeira configuração na qual os direitos humanos cruzam o meio ambiente, há uma vontade – política – de considerar a proteção ambiental como um direito humano, de elevar o primeiro ao nível do segundo, dando-lhe para tanto um valor fundamental e imperativo. Porém, não é essa problemática que será aqui examinada; os direitos humanos e o meio ambiente têm, também, uma relação de causalidade.

Um dano ambiental pode ter como consequência a violação dos direitos humanos sem que exista, em si, um direito humano ambiental autônomo. Nesse caso, uma medida lesiva ao meio ambiente será interpretada como uma transgressão aos direitos humanos. Dois pontos podem ser notados: primeiramente, perante as lacunas do direito ambiental e das dificuldades a aplicá-lo, especialmente no direito internacional, os direitos humanos apresentam-se como um meio subsidiário para postular – embora indiretamente – uma reparação para um dano ambiental; em segundo lugar, essa possibilidade implica uma interpretação dos instrumentos relativos aos direitos humanos que integre as considerações ambientais. Uma interpretação evolutiva é nesse sentido juridicamente possível e foi, por exemplo, reconhecida pela Corte Europeia de Direitos Humanos (CEDH), seja de uma forma geral[12] ou especificamente nos casos que tangenciam o

11 A Constituição brasileira está disponível em: http://www.planalto.gov.br/ccivil_03/constituicao/constituicao.htm. Acesso em: 12 jul. 2022.

12 *Tyrer c. Reino Unido*, Caso n. 5.856/72, Decisão (25-4-1978), parágrafo 31. Vejam também: KRAVACHENKO, Svitlana; BONINE, John E. "Interpretation of Human Rights for the Protection of the Environment in the European Court of Human Rights". *Global Business & Developmet Law Journal*, v. 25, 2012, p. 250.

meio ambiente[13]. Essa interpretação evolutiva não é extensiva, inverossímil e também não está fora do contexto dos direitos humanos, pois ao final, o problema jurídico está relacionado com a violação ou não de um instrumento que garanta esses direitos. O âmbito dos direitos humanos permite apenas efetivar os princípios do direito ambiental – internacional. Esses princípios são garantidos por meio da proteção dos direitos humanos[14]. No caso *Gabçikovo-Nagymaros*, o Juiz Weeramantry evocou o assunto afirmando em uma opinião separada:

> The protection of the environment is likewise a vital part of contemporary human rights doctrine, for it is a sine qua non for numerous human rights such as the right to health and the right to life itself. It is scarcely necessary to elaborate on this, as damage to the environment can impair and undermine all the human rights spoken of in the Universal Declaration and other human rights instruments[15].

Nesse sentido, a Corte Europeia dos Direitos Humanos já tem uma jurisprudência considerável em que a proteção do meio ambiente se articula com os direitos humanos: há, por

---

13 *Mangouras c. Espanha*, Caso n. 12.050/2004, Decisão (8-1-2009), parágrafo 41.

14 KRAVACHENKO, Svitlana; BONINE, John E. "Interpretation of Human Rights for the Protection of the Environment in the European Court of Human Rights". *Global Business & Developmet Law Journal*, v. 25, 2012, p. 248; MARTIN, Jean-Christophe; MALJEAN-DUBOIS, Sandrine. "La Cour européenne des droits de l'Homme et le droit à un environnement sain", in PRADEL, Jean (org.). *Prévention des risqué et responsabilités pénale en matière de dommage environnemental*: une approche internationale, européenne et nationale. United Nations Institute for Training and Research, 2008, p. 38.

15 *Gabcikovo-Nagymaros (Hungria/ Eslovaquia)*, C. I . J., Opinião separada do Juíz Weeramantry, Rec., p. 88-89.

exemplo, casos relativos à poluição sonora[16], à poluição industrial[17], ao desmatamento[18] ou ao tabagismo passivo[19]. A Corte considera que, em alguns casos, um dano ambiental pode ser prejudicial aos direitos humanos. É sob essa perspectiva que este artigo apresentará o caso *Tatar c. Romênia,* cujo tratamento pela CEDH corrobora uma construção pretoriana indireta – e ainda em andamento – de um direito ambiental alternativo[20]. Assim sendo, uma apresentação do caso (I) salientará o reconhecimento pela Corte do reiteradamente debatido princípio da precaução (II).

16 Por exemplo: *Powell and Rayner c. Reino Unido,* Caso n. 9.310/81, Decisão (21-2-1990); *Hatton c. Reino Unido,* Caso n. 36.022/97, Decisão (8-7-2003); *Flamenbaun e outros c. França,* Casos n. 3.675/04 e 23.264/2004, Decisão (13-12-2012); *Moreno Gomez c. Espanha,* Caso n. 4.143/2002, Decisão (16-11-2004); *Deés c. Hungria,* Caso n. 2.345/2006, Decisão (9-11-2010); *Mileva e outros c. Bulgária,* Casos n. 34.339/2002 e 21.475/2004, Decisão (25-11-2010); *Dubetska e outros c. Ukrânia,* Caso n. 30.499/2003, Decisão (10-2-2011); *Zammit Maempel e outros c. Malta,* Caso n. 24.202/2010, Decisão (22-11-2011).

17 Por exemplo: *Lopez Ostra c. Espanha,* Caso n. 16.798/90, Decisão (9-12-1994); *Guerra e outros c. Itália,* Caso n. 14.967/89, Decisão (19-2-1998); *Taskin e outros c. Turquia,* Caso n. 46.117/99, Decisão (10-11-2004); *Giacomelli c. Itália,* Caso n. 59.909/2000, Decisão (2-11-2006); *Martinez Martinez e María Manzano c. Espanha,* Caso n. 61.654/2008, Decisão (3-7-2012).

18 Por exemplo: *Hamer c. Bélgica,* Caso n. 21.861/2003, Decisão (27-11-2007); *Kyrtatos c. Grécia,* Caso n. 41.666/98, Decisão (22-5-2003).

19 Por exemplo: *Florea c. Romênia,* Caso n. 37.186/2003, Decisão (14-9-2010).

20 MARTIN, Jean-Christophe; MALJEAN-DUBOIS, Sandrine. "La Cour européenne des droits de l'Homme et le droit à un environnement sain", in PRADEL, Jean (org.). *Prévention des risqué et responsabilités pénale en matière de dommage environnemental*: une approche internationale, européenne et nationale. United Nations Institute for Training and Research, 2008, p. 37.

I. Apresentação do caso *Tatar c. Romênia*

A apresentação fática do caso (A) colocará em evidência o problema jurídico submetido à CEDH (B).

A. *Apresentação fática do caso*

O conflito surgiu em 2000, dois anos após um investimento feito por um investidor australiano, Aurul, na Romênia, na região da Baia Mare onde moravam os requerentes, Vasile Gheorghe Tatar e Paul Tatar. A sociedade australiana investiu nessa região com uma autorização estadual para explorar uma mina de ouro[21]. Em razão de uma atividade industrial intensiva, a região de Baia Mare é considerada como extremamente poluída[22]. O Programa das Nações Unidas para o Meio Ambiente e a Organização Mundial da Saúde confirmaram essa constatação[23]. A atividade de mineração causou um acidente ecológico que implicou um derramamento de cianeto de sódio[24] –, uma substância tóxica[25]. Ne-

21 *Tatar c. Romênia*, Caso n. 67.021/2001, Decisão (6-7-2009, versão final da decisão), parágrafo 6.

22 *Tatar c. Romênia*, Caso n. 67.021/2001, Decisão (6-7-2009, versão final da decisão), parágrafos 8-9.

23 Ibid., parágrafo 9. Também: DUTU, Mircea. "CEDH. Le droit 'à la jouissance d'un environnement sain et protégé'. Arrêt du 27 janvier 2009 prononcé dans l'affaire Tatar c./ Roumanie (Requête N.67021/01)". *Romanian Journal of Environmental Law*, n. 2, 2009, p. 119; SHELTON, Dinah. "Tatar c. Roumanie: European Court of Human rights decision on protections against environmental harms and on proof of causation and damages". *American Journal of International Law*, v. 104, 2010, p. 248.

24 *Tatar c. Romênia*, op. cit., parágrafo 24.

25 Ibid., parágrafo 65.

nhuma medida foi adotada pelo Estado para sanar a situação, e a empresa continuou a sua atividade. O senhor Vasile Tatar interpôs consequentemente uma ação penal perante as jurisdições romenas invocando o risco pela saúde dos habitantes de Baia Mare por causa da utilização de uma tecnologia perigosa pela empresa; ele denunciou também o risco para o meio ambiente e o agravamento do estado da saúde do seu filho, Paul Tatar, que já sofria de asma[26]. Nenhuma satisfação foi dada por parte dos tribunais nacionais. Perante esse impasse, o requerente submeteu o caso à CEDH, afirmando que, segundo o art. 35 da Convenção Europeia para a Proteção dos Direitos do Homem e das Liberdades Fundamentais, as vias de recursos internos haviam sido esgotadas[27]. A jurisdição da Corte foi assim requerida em razão da violação do art. 2 referente ao direito à vida; o Senhor Tatar alegou que a inação das autoridades romenas infringiu o seu direito a vida[28]. A CEDH reconheceu a sua competência diante do caso e decidiu examiná-lo no mérito apontando, no entanto, que a base jurídica mais conveniente era o art. 8º relativo ao direito ao respeito pela vida privada e familiar, e não o art. 2º supramencionado.

Perante a Corte, os requerentes atacaram a passividade do governo romeno face aos eventos, afirmando que as autoridades estaduais não lhes garantiram um acesso à informa-

26 Ibid., parágrafo 42.

27 O art. 35 da Convenção dispõe: "O Tribunal só pode ser solicitado a conhecer de um assunto depois de esgotadas todas as vias de recurso internas, em conformidade com os princípios de direito internacional geralmente reconhecidos e num prazo de seis meses a contar da data da decisão interna definitiva". Disponível em: http://www.echr.coe.int/Documents/Convention_POR.pdf. Acesso em: 12 jul. 2022.

28 *Tatar c. Romênia*, op. cit., parágrafo 70.

ção ambiental que poderia ter permitido uma avaliação dos riscos e uma contestação *ab initio*. Destarte e segundo eles, o Estado não adotou as medidas de precaução para proteger o meio ambiente e a saúde da população em questão. Não houve verdadeiramente uma consulta das comunidades locais e, mesmo que os requerentes não tenham contestado a margem de apreciação do Estado, eles invocaram uma ausência de equilíbrio no comportamento da Romênia entre o interesse público e a obrigação de respeitar o direito à vida privada e familiar. Assim sendo, a não intervenção das autoridades romenas expôs a saúde da população local a risco[29]. O governo romeno argumentou, por sua parte, que um estudo de impacto ambiental tinha sido feito sem revelar risco para o meio ambiente ou para a população, explicando na mesma linha – e baseando-se nos estudos científicos –, que não existia um nexo de causalidade entre as atividades litigiosas e as doenças respiratórias, em especial, a de Paul Tatar[30]. Na opinião da Romênia não houve, portanto, uma violação da Convenção Europeia dos Direitos Humanos.

O problema jurídico que foi nesse caso submetido à Corte não é novo e já foi debatido na sua jurisprudência.

B. *O problema jurídico submetido à CEDH*

A CEDH teve que decidir se uma infração contra o meio ambiente poderia implicar violação do direito à vida privada e familiar, prevista no art. 8º da Convenção Europeia para a Proteção dos Direitos do Homem e das Liberdades Fundamentais. Relembrando a sua própria jurisprudência, a Corte

29 *Tatar c. Romênia*, op. cit., parágrafos 73-77.

30 Ibid., parágrafos 78-84.

confirmou que houve, no caso *Tatar,* uma violação do art. 8º pelo governo romeno.

Segundo ela, mesmo que não tenha sido possível demonstrar o nexo de causalidade entre as atividades litigiosas e o agravamento da doença respiratória de Paul Tatar por causa de uma incerteza científica, o caso implica claramente o risco substancial à saúde e ao bem-estar dos requerentes; esse risco é suficiente para obrigar o Estado a adotar as medidas adequadas e razoáveis para proteger os direitos dos sujeitos à vida privada e familiar, e para fruir de um meio ambiente sadio e protegido[31] – também reconhecido no direito da Romênia[32]. O risco fundamentado por provas é suficiente para desencadear a proteção prevista no art. 8º. Nesse caso, não foram as ações do Estado, mas a sua omissão e a sua não intervenção que foram prejudicáveis aos requerentes. O Estado tem o dever de vigilância e *due diligence* no seu território e deve impedir que as atividades empresariais prejudiquem os direitos humanos – e ambientais – da população nacional. Cabe aqui uma obrigação positiva ao Estado de se esforçar para adotar todas as medidas razoáveis de modo a prevenir tais violações[33].

---

31 *Ibid.*, parágrafo 107.

32 O art. 35 da Constituição da Romênia de 1991 alterada por uma emenda em 2003 dispõe: "(1) The State shall acknowledge the right of every person to a healthy, well preserved and balanced environment. (2) The State shall provide the legislative framework for the exercise of such right. (3) Natural and legal entities shall be bound to protect and improve the environment". Disponível em: http://www.cdep.ro/pls/dic/site.page?den=act2_2&par1=2#t2c2s0a35.

33 *Ibid.*, parágrafo 121-122. Também: DUTU, Mircea. "CEDH. Le droit 'à la jouissance d'un environnement sain et protégé' Arrêt du 27 janvier 2009 prononcé dans l'affaire Tatar c./ Roumanie (Requête N.67021/01)". *Romanian Journal of Environmental Law*, n. 2, 2009, p. 121.

Não obstante essa conclusão, assim como o reconhecimento da responsabilidade do réu, a CEDH não concedeu uma compensação aos requerentes por danos morais ou materiais, limitando-se a indicar apenas a obrigação do réu das despesas judiciais[34]. O reconhecimento da violação do direito à vida privada e familiar aparece como um remédio em si, uma satisfação autossuficiente[35] – com as quais os Juízes Gyulumyan e Zupancic não concordaram, conforme a opinião parcialmente dissidente emitida por eles. Os Juízes dissidentes salientaram que o estado de incerteza jurídica no qual os requerentes foram abandonados durante muitos anos constitui um sofrimento moral certo que justifica uma reparação por dano moral[36]. A CEDH ressaltou a sua metodologia nesse assunto com base no caso *Varnava c. Turquia* no qual distinguiu os casos nos quais o requerente "has suffered evident trauma, whether physical or psychological, pain and suffering, distress, anxiety, frustration, feelings of injustice or humiliation, prolonged uncertainty, disruption to life, or real loss of opportunity[37]" das "situations where the public vindication of the wrong suffered by the applicant, in a judgment binding on the Contracting State, is a powerful form of redress in itself[38]".

---

34 *Tatar c. Romênia*, op. cit., parágrafos 127-132.

35 DUTU, Mircea. "CEDH. Le droit 'à la jouissance d'un environnement sain et protégé' Arrêt du 27 janvier 2009 prononcé dans l'affaire Tatar c./ Roumanie (Requête N.67021/01)". *Romanian Journal of Environmental Law*, n. 2, 2009, p. 125.

36 *Tatar c. Romênia*, op. cit., opinião parcialmente dissidente dos Juízes Gyulumyam e Zupancic.

37 *Varnava c. Turquia*, Casos n. 16.064/90, 16.065/90, 16.066/90, 16.068/90, 16.069/90, 16.069/90, 16.070/90, 16.071/90, 16.072/90, 16.073/90 (Grande Câmara), Decisão (18-9-2009), parágrafo 224.

38 Ibid. Vejam também: SHELTON, Dinah. "Tatar c. Roumanie: European Court of Human rights decision on protections against environ-

No entanto, não é por essas considerações que o caso *Tatar* é considerado uma decisão de princípio. Esse caso é importante por consolidar a jurisprudência "ambiental" da Corte e constitui um primeiro passo para o reconhecimento pela CEDH do princípio da precaução.

II. O reconhecimento do princípio da precaução

O caso *Tatar* demonstra como os princípios dos direitos humanos podem ser úteis para efetivar os do direito ambiental, garantindo-lhes assim uma existência jurídica mais concreta e um efeito útil e prático. A relação é a de uma fecundidade recíproca: um princípio do direito ambiental é utilizado para justificar uma violação de um direito humano, e, nesse processo, o primeiro adquire um valor jurídico mais preciso – menos duvidoso. O princípio da precaução foi, dessa forma, usado para provar e corroborar uma violação do direito à vida pessoal e familiar; reciprocamente, com essa aplicação, os direitos humanos reconhecem a validade do princípio da precaução (A), mesmo que a CEDH não detalhe as medidas de precaução conforme o princípio – recorrente nas suas decisões – da margem de apreciação (B).

A. *A validade do princípio ambiental da precaução pelos direitos humanos*

O princípio 15 da Declaração do Rio de 1992 sobre o Meio Ambiente e o Desenvolvimento dispõe:

---

mental harms and on proof of causation and damages". *American Journal of International Law*, v. 104, 2010, p. 252-253.

> Com o fim de proteger o meio ambiente, o princípio da precaução deverá ser amplamente observado pelos Estados, de acordo com suas capacidades. Quando houver ameaça de danos graves ou irreversíveis, a ausência de certeza científica absoluta não será utilizada como razão para o adiamento de medidas economicamente viáveis para prevenir a degradação ambiental[39].

Ainda não há uma definição jurídica definitiva do princípio da precaução – ou da precaução em si[40]. Referência é feita ao princípio em alguns instrumentos internacionais normalmente ambientais[41]. Os tribunais internacionais também nunca adotaram uma linha jurisprudencial única e níti-

---

39 A Declaração está disponível em: http://portal.iphan.gov.br/uploads/ckfinder/arquivos/Carta%20do%20Rio%201992.pdf. Acesso em: 12 jul 2022.

40 KAZHDAN, Daniel. "Precautionary Principle: *Pulp Mills* and the Evolving Dispute Between International Tribunals Over the Reach of the Precautionary Principle". *Ecology Law Quarterly*, v. 38, 2011, p. 529; LUCCHINI, Laurent. "Le principe de précaution en droit international de l'environnement: ombres plus que lumières". *Annuaire Français de Droit International*, v. 45, 1999, p. 711 e 718-719; SANDS, Philippe. "O princípio da precaução". In: DIAS VARELLA, Marcelo; BARROS PLATIAU, Ana Flávia. *Princípio da precaução*. Belo Horizonte: Editora Del Rey, 2004. cap. 13.

41 Por exemplo: Convenção sobre as Mudanças Climáticas de 1992, art. 3(3); Convenção para a Proteção dos Ambientes Marinhos do Nordeste Atlântico de 1992, art. 2(2)(a); Convenção do Mar Báltico de 1992, art. 3(2); Convenção sobre a Conservação e Gestão de Populações de Peizes Tranzonais de 1995, art. 5(c). Vejam também: SANDS, Philippe. "O princípio da precaução". In: DIAS VARELLA, Marcelo; BARROS PLATIAU, Ana Flávia. *Princípio da precaução*. Belo Horizonte: Editora Del Rey, 2004, cap. 13; LEME MACHADO, Paulo Afonso. "Princípio da Precaução no Direito Brasileiro e no Direito Internacional e Comparado", in DIAS VARELLA, Marcelo; BARROS PLATIAU, Ana Flávia. *Princípio da precaução*. Belo Horizonte: Editora Del Rey, 2004. cap. 13.

da ao se referirem diretamente ou indiretamente ao princípio da precaução. Em 1998, no caso *Hormônios*, o Órgão de Apelação da Organização Mundial do Comércio estendeu-se sobre o princípio litigioso apontando:

> The status of the precautionary principle in international Law continues to be subject of debate among academics, law practicioners, regulators and judges. The precautionary principle is regarded by some as having crystallized into a general principle of customary international *environmental law*. Whether it has been widely accepted by Members as a principle of general or *customary international law* appears less than clear. We consider, however, that it is necessary, and probably imprudent, for the Appellate Body in this appeal to take a position on this important, but abstract, question. We note that the Panel itself did not make any definitive finding with regard to the status of the precautionary principle in international law and that the precautionary principle, at least outside the field of international environmental law, still awaits authoritative formulation[42].

A Corte Internacional de Justiça não tinha esclarecido a problemática no caso *Gabcikovo-Nagymaros*. No caso *Papeleras* entre a Argentina e o Uruguai, a Corte reconheceu timidamente a possibilidade de aplicar o princípio sem, todavia, inverter o ônus da prova ao réu: nesse caso, o princípio não foi aplicado, mas as perspectivas de uma aplicação futura foram implicitamente expostas[43]. A observação da prática mostra que o princípio da precaução tem tido uma consideração e um eco mais fortes na União Europeia. Em 2000, a Comis-

---

42 *EC Measures concerning Meat and Meat Products (Hormones)*, WT/DS26/AD/R, WT/DS48/AD/R, Report of the Appellate Body (16-1-1998), parágrafo 123 (notas de rodapé omitidas).

43 *Pulp Mills on the River Uruguay (Argentina v. Uruguay)*, Judgment (20-4-2010), I.C.J. Reports 2010, parágrafo 164.

são Europeia elaborou uma comunicação sobre o princípio da precaução afirmando claramente que o princípio fazia parte das suas políticas e do direito da União Europeia como um instrumento de gestão de riscos, especialmente no âmbito da proteção da saúde e do meio ambiente[44]. O tratado sobre o Funcionamento da União Europeia reconhece o princípio da precaução como um motor da política ambiental da União em seu art. 191 (2). Assim, talvez não seja por acaso que a Corte da Justiça da União Europeia tem se referido ao princípio de precaução com uma posição comparativamente contundente, determinada, afirmativa e confiante. O art. 191(2) foi aplicado e interpretado pela Corte que lhe conferiu o seu espírito intrínseco, por exemplo, nos casos em que um produto litigioso era potencialmente nocivo à saúde. No caso *Gowan Comércio Internacional e Serviços Lda v. Ministero della Salute*, a Corte destacou que o nível elevado da proteção devida à saúde na política ambiental europeia baseia-se no princípio da precaução que determina as outras políticas gerais da União. Para tanto, a Corte afirmou que quando há um risco à saúde dos consumidores, as instituições podem legalmente adotar medidas preventivas sem esperar que o risco se realize[45]. Essa posição da Corte de Justiça da União Europeia não é isolada e oferece uma interpretação interessante do princípio considerando o contexto do desenvolvimento sustentável[46].

---

44 European Commission. *Communication from the Commission on the Precautionary Principle* (2-2-2000), 29 p.

45 *Gowan Comércio Internacional e Serviços Lda v. Ministero della Salute*, Case C-79/09. Judgment of the Court (Second Chamber) of 22 December 2010, parágrafos 71-73.

46 *National Farmers' Union and Others*, Case C-157/96 (1998), parágrafo 64; *United Kingdom v Commission*, Case C-180/96 (1998) ECR I-2265, parágrafo 100; *Monsanto Agricoltura Italia and others*, Case C-236/01, ECR I-8105 (2003), parágrafo 111.

Por isso, a Corte Europeia dos Direitos Humanos não inovou necessariamente no âmbito europeu com o caso *Tatar*, salvo se este é comparado com as suas decisões anteriores[47]. De fato, no caso *Asselbourg*, a Corte não reconheceu a aplicabilidade do princípio da precaução mesmo havendo um risco de poluição[48]. O caso *Tatar* constitui assim uma evolução jurisprudencial; é a primeira aplicação concreta do princípio da precaução pela CEDH[49]. Mesmo que não haja uma "probabilidade causal" entre uma poluição e o estado de

---

47 Por exemplo: *Balmer-Schafroth c. Suiça*, Caso n. 22.110/93, Decisão (26-8-1997); *Asselbourg c. Luxemburgo*, Caso n. 29.121/95, Decisão (29-6-1999).

48 *Asselbourg c. Luxemburgo*, Caso n. 29.121/95, Decisão (29-6-1999): "In the instant case, the Court considers that the mere mention of the pollution risks inherent in the production of steel from scrap iron is not enough to justify the applicants' assertion that they are the victims of a violation of the Convention. They must be able to assert, arguably and in a detailed manner, that for lack of adequate precautions taken by the authorities the degree of probability of the occurrence of damage is such that it can be considered to constitute a violation, on condition that the consequences of the act complained of are not too remote (see, *mutatis mutandis*, the Soering v. the United Kingdom judgment of 7 July 1989, Series A n. 161, p. 33, § 85). In the Court's opinion, it is not evident from the file that the conditions of operation imposed by the Luxembourg authorities and in particular the norms dealing with the discharge of air polluting wastes were so inadequate as to constitute a serious infringement of the principle of precaution". Disponível em: https://www.stradalex.com/en/sl_src_publ_jur_int/document/echr_29121-95. Acesso em: 12 jul 2022.

49 *Tatar c. Romênia*, op. cit., parágrafos 107 e 120; KRAVACHENKO, Svitlana; BONINE, John E."Interpretation of Human Rights for the Protection of the Environment in the European Court of Human Rights". *Global Business & Developmet Law Journal*, v. 25, 2012, p. 275.

saúde dos sujeitos, a existência de um risco sério e substancial é suficiente para obrigar o Estado a adotar medidas preventivas em aplicação do princípio da precaução, disse a Corte[50]. Segundo esse princípio, a incerteza científica não é uma razão que justifique a não adoção de medidas apropriadas para prevenir um risco[51]: essa é a posição atual da Corte. O raciocínio probabilístico[52] da Corte é aqui inovador e, ao mesmo tempo, surpreendente. Inovador: o nexo de causalidade parece ser substituído pela busca de uma probabilidade causal. Por essa lógica, a Corte estende a sua própria margem de julgamento não para avaliar a relação clássica e rígida de causalidade, mas para julgar a probabilidade de uma relação de causalidade. Surpreendente: apesar de ter inovado com essa argumentação, a CEDH não trouxe necessariamente mais clareza ou mais critérios objetivos para concluir sobre uma violação da Convenção. A teoria da probabilidade causal é abstrata por incentivar um raciocínio pouco matemático e muito baseado em uma avaliação da porcentagem causal[53]: as partes não devem provar que a causa tem um efeito, mas a probabilidade entre a causa e o efeito. É preciso, então, medir a causalidade; não obstante, a Corte não propõe

50 *Tatar c. Romênia*, op. cit., parágrafo 107.

51 Ibid., parágrafo 109.

52 POMADE, Adélie. "L'établissement du lien de causalité entre le dommage subi et l'exploitation des ressources". In: AILINCAI, Mihaela; LAVOREL, Sabine. *Exploitation des ressources naturelles et protection des droits d' l'Homme*. Paris: Pédone, 2013, p. 128.

53 POMADE, Adélie. "L'établissement du lien de causalité entre le dommage subi et l'exploitation des ressources". In: AILINCAI, Mihaela; LAVOREL, Sabine. *Exploitation des ressources naturelles et protection des droits d' l'Homme*. Paris: Pédone, 2013, p. 128-129.

uma metodologia para isso, mantendo assim o pleno poder para decidir nos casos futuros. No caso *Bacilia c. Romênia* em 30 de março 2010, o Juiz Zupancic, baseando-se no caso *Tatar*, afirmou numa opinião concordante que a teoria clássica da causalidade constitui uma barreira conceitual para julgar alguns casos nos quais os elementos de riscos são palpáveis[54]. O espírito do princípio foi também aplicado em 2009 no caso *Brânduse c. Romênia*[55]. A condição, no entanto, para que esse argumento seja admissível é a existência de um risco iminente mesmo na ausência de certeza científica. Também, para fazer um estudo criterioso, a decisão *Tatar* pode ser lida conjuntamente com as decisões *López Ostra*[56], *Hatton*[57] e *Fadeyeva*[58], nas quais a CEDH salientou que, para concluir sobre uma violação do art. 8º, o dano ambiental deve atingir um nível mínimo de gravidade, excluindo assim os riscos ambientais cotidianos[59].

Esse processo é importante para entender como um princípio, *ab initio* declaratório, adquire um valor jurídico, pois o processo é o da passagem do *soft law* ao direito mandatório. O art. 15 da Declaração do Rio 1992, a qual se

54 *Bacila c. Romênia*, Caso n. 19.234/2004, Decisão (30-3-2010), Opinião concordante do Juiz Zupancic, parágrafo 8.

55 *Brânduse c. Romênia*, Caso n. 6.586/2003, Decisão (7-4-2009), parágrafo 67.

56 *López Ostra c. Espanha*, Caso n. 16.798/90, Decisão (9-12-1994).

57 *Hatton c. Reino Unido*, Caso n. 36.022/97, Decisão (8-7-2003).

58 *Fadeyeva c. Rússia*, Caso n. 55.723/2000, Decisão (9-6-2005).

59 Por exemplo: *Fadeyeva c. Rússia*, Caso n. 55.723/2000, Decisão (9-6-2005), parágrafo 70. Vejam também: KRAVACHENKO, Svitlana; BONINE, John E. "Interpretation of Human Rights for the Protection of the Environment in the European Court of Human Right". *Global Business & Developmet Law Journal*, v. 25, 2012, p. 265.

refere a CEDH[60], não tem um valor jurídico em si. O princípio adquire tal valor ao ser usado por um tribunal como fundamento para a sua decisão, ao seu raciocínio e a sua conclusão. Nessa lógica, o princípio 15 reveste-se de um valor jurisprudencial e é este que lhe garante existência propriamente jurídica[61]. Esse raciocínio é válido para qualquer ramo do direito, tanto nacional quanto internacional. No caso da CEDH, são os direitos humanos que "convidam" o princípio do direito ambiental como um meio de interpretação. Os direitos humanos não se substituem ao direito ambiental, mas ajudam-no a obter uma efetividade *par ricochet*[62]. As cortes e as convenções relativas aos direitos humanos não têm uma vocação – pelo menos direita e principal – a se aplicarem automaticamente aos casos ambientais. Ademais, os requerentes em tais situações buscam principalmente uma reparação por violação dos direitos humanos e não por dano ambiental – que a Convenção Europeia sobre os direitos humanos não protege *expressis verbis*. É errado afirmar que a Corte interpreta e aplica os textos jurídicos para proteger o meio ambiente ou para reparar um dano ambiental. Primeiramente, na prática, a

60 *Tatar c. Romênia*, op. cit., parágrafo 120.

61 Para uma posição similar: *Responsibilities and Obligations of States Sponsoring Persons and Entities With Respect to Activities in The Area*. Seabed Disputes Chambers of the International Tribunal for the Law of the Sea, Case n. 17, Advisory Opinion, parágrafo 127.

62 MARTIN, Jean-Christophe; MALJEAN-DUBOIS, Sandrine. "La Cour européenne des droits de l'Homme et le droit à un environnement sain". In: PRADEL, Jean (org.). *Prévention des risqué et responsabilités pénale en matière de dommage environnemental*: une approche internationale, européenne et nationale. United Nations Institute for Training and Research, 2008, p. 38.

proteção do meio ambiente é difícil quando o caso se encontra perante a Corte simplesmente porque o dano já ocorreu; mas, a decisão da Corte e a sua jurisprudência podem agir como um alerta para os Estados, incitando-os a prevenir casos similares no futuro. Em segundo lugar, se a Corte conceder uma indenização, será apenas porque houve violação de direitos humanos, e não porque houve dano ambiental.

Talvez seja por isso que a CEDH decidiu não conceder compensação aos requerentes no caso *Tatar*. Este tem forte coloração ambiental por causa dos fatos e pelo uso e reconhecimento do princípio da precaução. A Corte está ciente de ter aberto aqui um precedente importante, propiciando para tanto uma técnica para conectar a proteção do meio ambiente aos direitos humanos. É, todavia, compreensível que ela não queira construir, com essa decisão, um pretexto para que lhe sejam submetidos todos os casos nos quais exista uma relação potencial entre os direitos humanos e o meio ambiente. A mensagem implícita decorrente da ausência de compensação é que a CEDH não é e não se apresenta como uma corte ambiental. A consideração de um princípio do direito ambiental por razões de interpretação não amplia a jurisdição da Corte. É também um meio – de política judicial – de evitar um aumento de processos puramente ambientais perante a CEDH. Esta faz assim a sua política de prevenção de pedidos excessivos deixando claro que se num caso relativamente grave como *Tatar* não for dada uma compensação, o patamar de gravidade do dano ambiental para receber outros pedidos é muito alto. No mesmo espírito, tendo em vista que a Corte reconheceu a responsabilidade do Estado romeno, ela continua a sua política judicial de não impor, por exemplo, de que forma prática o princípio da precaução deve ser aplicado.

B. *A aplicação do princípio da precaução sujeita à margem de apreciação do Estado*

No caso *Irlanda c. Reino Unido*, a CEDH definiu a margem de apreciação da seguinte forma:

> By reason of their direct and continuous contact with the pressing needs of the moment, the national authorities are in principle in a better position than the international judge to decide both on the presence of such an emergency and on the nature and scope of derogations necessary to avert it[63].

O princípio aplicado é o da subsidiariedade[64], ou seja, uma delegação de poder e de competência ao corpo organizacional mais próximo do problema a ser tratado[65]. Há, por exemplo, uma presunção de que as autoridades locais estão mais cientes dos problemas locais. A mesma lógica se aplica às autoridades nacionais: estas estão potencialmente em uma melhor posição para lidar com um assunto puramente nacional. Na linguagem da CEDH, a questão é também a da não ingerência na política interna dos Estados. A CEDH é competente para julgar uma violação da Convenção Europeia relativa aos direitos humanos, mas ela reconhece a sua incapacidade a substituir o Estado para decidir quais são as melhores políticas que devem ser adotadas para respeitar os direitos humanos. Assim, no caso *Tatar*, a Corte apontou que cabe às autoridades romenas – e não a ela – formular as políticas

63 *Irlanda c. Reino Unido*, Caso n. 5.310/71, Decisão (18-1-1978), parágrafo 207.

64 CAROZZA, Paulo G. "Subsidiarity as a Structural Principle of International Human Rights". *American Journal of International Law*, v. 97, n. 1, p. 40.

65 Ibid., p. 40-46.

ambientais e industriais nacionais[66]. Os Estados têm um poder discricionário, um *breathing space*[67] – decorrente do seu poder soberano. A CEDH pode somente examinar a situação *a posteriori* para julgar se o exercício do poder discricionário infringiu a Convenção; ela não pode ditar a política a ser adotada nem pode intervir em nome e no lugar do Estado. A Corte tem nesse sentido uma *jurisprudence constante*: "it is certainly not for ... the Court to substitute for the national authorities any other assessment of what might be best policy (...). This is an area where the Contracting Parties are to be recognised as enjoying a wide margin of appreciation[68]". Ela pode apenas verificar se a margem de apreciação do Estado estabeleceu um equilíbrio entre o interesse público e o interesse particular do requerente para examinar se o Estado excedeu o seu poder discricionário violando assim as disposições da Convenção Europeia sobre os direitos humanos[69].

---

66 *Tatar c. Romênia*, op. cit., parágrafo 108.

67 BRAUCH, Jeffrey A. "The Margin of Appreciation and the Jurisprudence of the European Court of Human Rights: Threat To The Rule of Law". *Columbia Journal of European Law*, v. 11, 2005, p. 116; YOUROW, Horward C. "The Margin of Appreciation Doctrine in the Dynamics of European Human Rights Jurisprudence". *Connecticut Journal of International Law*, v. 3, 1987, p. 118.

68 *Powell and Rayner c. Reino Unido*, Caso n. 9.310/81, Decisão (21-2-1990), parágrafo 44. No mesmo sentido: *Fadeyeva c. Rússia*, Caso n. 55.723/2000, Decisão (9-6-2005), parágrafo 104; *Buckley c. Reino Unido*, Caso n. 20.348/92, Decisão (29-9-1996), parágrafo 76; *Hatton c. Reino Unido*, Caso n. 36.022/97, Decisão (8-7-2003), parágrafo 122.

69 Por exemplo: *Fadeyeva c. Rússia*, Caso n. 55.723/2000, Decisão (9-6-2005), parágrafo 134; *Hatton c. Reino Unido*, Caso n. 36.022/97, Decisão (8-7-2003), parágrafo 86. Vejam também: KRATOCHVÍL, Jan. "The Inflation of The Margin of Appreciation Doctrine By The European Court

Nessa lógica, no caso *Tatar*, a Corte apenas reconheceu a utilidade e a aplicabilidade do princípio da precaução para avaliar uma violação do art. 8º da Convenção; no entanto, ela não impôs uma política de implementação desse princípio à Romênia. Esse caso é marcante para a jurisprudência da Corte por inovar na utilização do princípio da precaução cujos contornos foram delimitados pelos juízes usando a teoria clássica da margem de apreciação: ambos os princípios que não aparecem na Convenção têm em comum o reconhecimento da sua validade jurídica pela Corte Europeia dos Direitos Humanos no caso em comento.

Considerações finais

A inserção das questões ambientas no âmbito da CEDH confirmou-se com o caso *Tatar* assim como a aplicabilidade dos princípios dos direitos humanos para lidar com assuntos ambientais. A prudência e a razão incitam um exame cauteloso dessa jurisprudência para evitar conclusões espontâneas e radicais, afirmando já a existência de um direito humano ambiental e de uma corte (regional) de direitos humanos ambientais pronta para aplicá-lo. Os direitos humanos pertencem a um campo definido, e todos os assuntos não têm necessariamente uma vocação a aproximar-se dessa área[70]; haveria, no caso contrário, uma inflação de direitos humanos "a tudo", o que pode prejudicar a seriedade desse tema bem

of Human Rights". *Netherlands Quarterly of Human Rights*, v. 29, n. 3, 2011, p. 329-330.

70 SHELTON, Dinah. "Human Rights and the Environment: What Specific Environmental Rights Have Been Recognized?". *Denver Journal of International Law and Policy*, v. 35, n. 1, 2006, p. 163.

como a qualidade do seu tratamento. As decisões da CEDH mostram que há uma construção passo a passo – mas, ainda indefinida – de uma forma de direito ambiental alternativo que busca a ajuda e o apoio dos direitos humanos. Todavia, deve-se lembrar que os patamares erigidos pela Corte para receber casos ambientais ainda são altos e é unicamente a sua jurisprudência futura que confirmará a sua posição sobre a relação entre o meio ambiente e os direitos humanos.

Comentário n. 2 – O caso da *República da Ilha Maurício c. Reino Unido* perante a Corte Permanente de Arbitragem, 2014[71] [Pequeno comentário].

Eis aqui um caso cuja decisão é fortemente sensível, pois trata-se de um problema jurídico que abrange as questões da soberania, da proteção do meio ambiente e da proteção dos direitos humanos num contexto geopolítico e geoestratégico sensível. A apresentação do caso (I) justificará suas implicações (II).

I. A apresentação do caso

A apresentação fatual (A) antecederá a do problema jurídico que está sendo debatido perante a Corte Permanente de Arbitragem (B).

A) A apresentação fatual do caso

No dia 1º de abril de 2010, o Reino Unido estabeleceu uma zona marinha protegida de 636.600 km² ao redor do

71 MONEBHURRUN, Nitish. O caso da República da Ilha Maurício c. Reino Unido perante a Corte Permanente de Arbitragem, 2014. In.: MONEBHURRUN, Nitish (org.). Crônicas do Direito Internacional, *Revista de Direito Internacional*, v. 11, n. 1, 2014, p. 1-9.

arquipélago de Chagos, excluindo uma das suas ilhas – a Diego Garcia. A zona é caracterizada como um *no-take zone*, no qual qualquer forma de exploração ou de atividade econômica é proibida. O Reino Unido tem afirmado a sua soberania sobre o arquipélago localizado no meio do Oceano Índico e embasa a sua decisão de criar a zona marinha protegida nos seus poderes regulatórios, nas prerrogativas de poderes públicos que cabem a todo Estado soberano. O ecossistema marinho da zona econômica exclusiva do arquipélago é tão diverso quanto raro, com únicas espécies de peixes e de corais; os recifes de coral mantiveram quase a mesma natureza que tiveram há um século. A legalidade da zona marinha protegida é, no entanto, contestada pela República da Ilha Maurício que afirma também, por seu lado, a sua soberania sobre o arquipélago. É o problema jurídico submetido à análise da Corte Permanente de Arbitragem.

B) A apresentação do problema jurídico

Com base na Convenção de Montego Bay sobre o direito do mar, de 10 de dezembro de 1982, e nos princípios do direito internacional público, os árbitros nomeados devem examinar a legalidade da zona marinha protegida, estabelecida pelo Reino Unido. Para tanto, eles devem determinar de forma preliminar qual Estado possui efetivamente a soberania sobre os Chagos. Segundo o art. 56 (1) (b) (iii) da Convenção de Montego Bay, cabe ao Estado costeiro a proteção e a preservação do meio ambiente marinho dentro da zona econômica exclusiva; para tal fim, o art. 194 (1) permite aos Estados o uso dos meios práticos disponíveis. Dentro dessa lógica, conquanto a Convenção não mencione *expressis verbis* as zonas marinhas protegidas, estas são comumente reconhecidas como um meio eficiente para a proteção do meio ambiente marinho. Ora, o reconhecimento do Reino Unido como o Estado costeiro – e, destarte, soberano – pode ter algumas implicações irreversíveis.

II. As implicações do caso

O contexto geral desse caso tem implicações que vão além dos únicos interesses das partes ao contencioso. A decisão terá implicações históricas (A) além de determinar o direito de residência da população nativa dos Chagos (B).

A) As implicações históricas diante das quais se apresenta a sentença da Corte Permanente de Arbitragem

Os principais interessados nesse caso são, na realidade, os próprios "chagossianos" – a população de Chagos, deportada do arquipélago pela coroa inglesa nos anos setenta à Ilha Maurício e aos Seychelles. Ao conceder a sua independência à Ilha Maurício, o Reino Unido lhe impôs uma condição – contrária ao Direito Internacional: o desmembramento de Chagos, originalmente e juridicamente, parte do território mauriciano. A razão: o Reino Unido já tinha prometido arrendar uma das ilhas do arquipélago – a Diego Garcia – aos Estados Unidos para o estabelecimento de uma base militar, que ainda está operacional e da qual foram atacados o Afeganistão em 2011 e o Iraque em 2003. No contexto da guerra fria, a localização do arquipélago era perfeita para policiar, ao mesmo tempo, o continente asiático, o continente africano e a região do oriente médio. O Reino Unido foi pago por meio de descontos de preço para mísseis nucleares submarinos chamados *Polaris*. A condição imposta pelos Estados Unidos era a limpeza – humana – das ilhas, e foi por essa razão que a população local foi deslocada, deportada e forçosamente exilada por meios que valem apenas pela sua ilegalidade, iniquidade e desfaçatez. Essa população – os "chagossianos" – tem, desde essa época, batalhado em vão perante os tribunais ingleses e recentemente perante a própria Corte Europeia dos Direitos Humanos para obter o reconhecimento da violação dos seus direitos fundamentais e para requerer o direito de regresso e de residência no arquipélago. Por isso, a decisão da Corte Permanente de Arbitragem é esperada com impaciência. Se a legalidade da zona marinha protegida for reconhecida, os efeitos sobre um eventual direito de regresso e de residência dos "chagossianos" no arquipélago serão irreversíveis.

B) As implicações para o direito de residência da população nativa dos Chagos

Como a zona marinha foi caracterizada como um *no-take Marine Protected Area*, qualquer forma de exploração do mar territorial ou dos recursos marinhos – para a mera sobrevivência – torna-se juridicamente impossível. Os "chagossianos" eram muito dependentes da exploração do mar e assim querem continuar a ser e a viver caso o direito a residência lhes seja reconhecido: pretendem utilizar o mar para as atividades tradicionais como a pesca, mas também para o turismo. Isto tornar-se-á impossível com a zona marinha protegida; aliás, segundo as notas e as informações diplomáticas vazadas pelo assim chamado *wikileaks*, essa zona foi perfidamente estabelecida de propósito para, justamente, impedir qualquer direito ao regresso e à residência, e para continuar a utilizar Diego Garcia como um centro geoestratégico. O valor jurídico dos *wikileaks* como um meio de prova é ainda debatido, mas alguns tribunais já os utilizaram.

No mesmo sentido, a evolução do direito ambiental apresenta-se como um impedimento definitivo. Existe um princípio emergente de não regressão no direito ambiental segundo o qual uma vez que uma garantia sobre a proteção ambiental é dada e juridicamente positivada, não pode ela sofrer de qualquer regressão, não pode ela ser revertida. Assim, segundo esse princípio que o Reino Unido poderá futuramente utilizar, no caso de uma zona marinha protegida, qualquer regressão não é possível: a proteção absoluta seguindo a lógica do *no-take zone* não pode ser relativizada, caso contrário equiparar-se-á a uma medida insustentável. Nessa perspectiva, as consequências eventuais sobre os "chagossianos" serão também drásticas.

BIBLIOGRAFIA

ANCEL, Marc. *Utilidade e Métodos do Direito Comparado*. Porto Alegre: Fabris, 1980.

ACCA DOS SANTOS, Thiago. Meu trabalho precisa de um capítulo histórico? In: QUEIROZ RABELO MAFEI, Rafael; FEFERBAUM, Marina. *Metodologia da Pesquisa em Direito*: técnicas e abordagens para elaboração de monografias, dissertações e teses. 2. ed. São Paulo: Saraiva, 2021.

AGOSTINI, Eric. *Droit comparé*. Paris: PUF, 1988.

BARRAL, Welber. *Metodologia da pesquisa jurídica*. Florianópolis: Fundação Boiteux, 2003.

CAMPOS GALUPO, Marcelo. *Da ideia à defesa*: monografias e teses jurídicas. Belo Horizonte: Mandamentos Editora, 2003.

CONSTANTINESCO, Leontin-Jean. *Tratado de Direito Comparado. Introdução ao Direito Comparado*. Rio de Janeiro: Renovar, 1998.

CORRÊA DA COSTA LEISTER, Ana Carolina; LIANG WANG, Daniel Wei. Quando convém fazer um trabalho interdisciplinar e como devo fazê-lo? Exemplos de direito e economia. In: MAFEI RABELO QUEIROZ, Rafael; FEFERBAUM, Marina. *Metodologia jurídica*: um roteiro prático para trabalhos de conclusão de curso. São Paulo: Saraiva, 2012.

DE OLIVEIRA LEITE, Eduardo. *A monografia jurídica*. 3. ed. São Paulo: Revista dos Tribunais, 1997.

DE PALMA BONACORSI, Juliana; FERFERBAUM, Marina; PINHEIRO, Victor Marcel. Meu trabalho precisa de jurisprudência? Como posso utilizá-la? In: QUEIROZ RABELO MAFEI, Rafael; FEFERBAUM, Marina. *Metodologia da Pesquisa em Direito*: técnicas e abordagens para elaboração de monografias, dissertações e teses. 2. ed. São Paulo: Saraiva, 2021.

DE PAULA, Felipe; DE PAIVA MENDES, Luiz Guilherme. A pesquisa legislativa: fontes, cautelas e alternativas à abordagem tradicional. In: QUEIROZ RABELO MAFEI, Rafael; FEFERBAUM, Marina. *Metodologia da Pesquisa em Direito*: técnicas e abordagens para elaboração de monografias, dissertações e teses. 2. ed. São Paulo: Saraiva, 2021.

DE SIQUEIRA MIRANDA PAIVA, José Eduardo. *A arbitrariedade na fundamentação das decisões do Supremo Tribunal Federal*. Rio de Janeiro: Lumen Juris, 2017.

FERREIRA DE ALMEIDA, Carlos. *Introdução ao Direito Comparado*. 2. ed. Coimbra: Almedina, 1998.

FREIRE, Alonso; SAUAIA. Suprema Imprecisão: a metodologia em Direito Constitucional Comparado e as deficiências em seu uso pelo Supremo Tribunal Federal. *Revista de Direito Internacional*. v. 17, n. 2, 2020.

GRUA, François. *Méthode des études de droit*: conseils sur la dissertation et le commentaire. Paris: Dalloz, 2006.

GUTTENRIDGE, Harold Cooke. *Comparative Law*: an Introduction to the Comparative Method of Legal Study and Research. Cambridge: Cambridge University Press, 1946.

LEGRAND, Pierre. *Le Droit comparé*. Paris: PUF. 2015.

MAFEI RABELO QUEIROZ, Rafael. Como encontrar um bom tema dentro de minha área de interesse? In: MAFEI RABELO QUEIROZ, Rafael; FEFERBAUM, Marina. *Metodologia jurídica*: um roteiro prático para trabalhos de conclusão de curso. São Paulo: Saraiva, 2012.

MEZZAROBA, Orides; MONTEIRO SERVILHA, Cláudia. *Manual de Metodologia da Pesquisa no Direito*. 8ª ed. São Paulo: Saraiva, 2019.

MULLER, Friedrich. *Discours de la méthode juridique*. Paris: PUF, 1998.

OLIVEIRA, Luciano. Não fale do Código de Hamurabi! A pesquisa sociojurídica nas pós-graduação em Direito. In: OLIVEIRA, Luciano. *Sua Excelência o Comissário e outros ensaios de sociologia jurídica*. Rio de Janeiro: Letra Legal, 2014.

PERRONE CAMPOS MELLO, Patrícia; MENESES GRAÇA, Felipe. O STF em rede? Quanto, como, com que engajamento argumentativo o STF usa precedentes estrangeiros em suas decisões? *Revista de Direito Internacional*. v. 17, n. 1, 2020.

RIBEIRO, Darcy. *De fracasso em fracasso*: o Brasil como problema. Brasília: Editora UnB, 2010.

SPINOZA. *Traité de la réforme de l'entendement*: tractatus de intellectus emendatione. Paris: Flammarion, 2003.

WIGMORE, John Henry. A New Way of Teaching Comparative Law. *Journal of the Society of Public Teachers*. 1926

VAN HOECKE, Mark. Methodology of Comparative Law Research. *Law and Method*, v. 4, 2015.

VARELLA DIAS, Marcelo; MONEBHURRUN, Nitish. O que é uma boa tese de doutorado em Direito? Uma análise a partir da própria percepção dos programas. *Revista Brasileira de Políticas Públicas*. v. 3, n. 2, 2013.